美國最高法院

The U.S. Supreme Court: A Very Short Introduction

U0118385

The U.S. Supreme Court: A Very Short Introduction

美國最高法院

琳達·格林豪斯（Linda Greenhouse）著
何帆 譯註

OXFORD
UNIVERSITY PRESS

OXFORD
UNIVERSITY PRESS

Oxford University Press is a department of the University of Oxford.
It furthers the University's objective of excellence in research, scholarship,
and education by publishing worldwide. Oxford is a registered trade mark of
Oxford University Press in the UK and in certain other countries

Published in Hong Kong by
Oxford University Press (China) Limited
39/F, One Kowloon, 1 Wang Yuen Street, Kowloon Bay, Hong Kong

美國最高法院

琳達 · 格林豪斯 (Linda Greenhouse) 著

何帆 譯註

ISBN: 978-0-19-047697-7

1 3 5 7 9 10 8 6 4 2

For Gene and Hannah

目　錄

致　謝

　　最高法院專職攝影師Steve Petteway，不吝時間，協助我挑選了本書採用的絕大部分圖片。這是我得益於史蒂夫的專業熱情的第二本書，再次向他致謝。感謝Sanford Levinson對本書初稿的意見。謝謝我的丈夫Eugene Fidell，他也是我在法學院的同事，每章完成之後，他都作為第一讀者通讀全稿。我的編輯Nancy Toff邀請我加入這一項目，並努力讓我相信，在英語世界有許許多多好奇的讀者想要更多地瞭解美國最高法院。我很高興她做到了。

第一章
建院之初

「聯邦司法權，由一所最高法院和國會因時設立的下級法院行使。」

透過聯邦憲法第三條首句這段文字，制憲者們宣告了一座世人尚不熟悉的機構的誕生，這是一所有權審理因聯邦憲法和法律「興訟」的案件的國家級法院。但是，1787年制憲時，憲法對最高法院權限的實際適用範圍，即最高法院相對於新政府另外兩個民選分支的職能，界定得遠不夠明確。[1] 圍繞最高法院職能的爭議，也一直延續至今。如今，被提名進入最高法院的候選人，還經常會被參議院司法委員會[2]成員要求絕對不得以所謂「司

---

[1]　「另外兩個民選分支」指立法分支和行政分支。在美國，Government 指聯邦政府，包括立法(國會)、司法(最高法院)、行政(總統) 三大分支，而Administration只是政府的行政分支，也稱執行分支 (Executive Branch)。常有學界同仁將Clinton Administration譯為「克林頓政府」，這種譯法易造成誤解，將立法、行政分支混同，較規範的譯法似應為「克林頓領導下的行政分支」，或簡化為「克林頓行政分支」。為嚴謹起見，本書將Government一律譯作「政府」，Administration一律譯作「行政分支」，也會出現「政府各分支」這樣的表述。關於相關表述的差異，可參見林達：《總統是靠不住的》，三聯書店1998年版。——譯注，下同

[2]　參議院司法委員會(Senate Judiciary Committee)：美國參議院內的常設

法能動主義」的方式履行大法官職權。[3]

　　我沒打算把這本書寫成一部以敘述歷史為主的作品。我的寫作目的，是讓廣大讀者瞭解當今美國最高法院如何運行。要實現上述目的，並不需要對最高法院的歷史進行巨細靡遺的介紹，但是，瞭解這個機構的起源，將有助於我們理解，今天的最高法院究竟在何等程度上成為了自身歷史的主導者。最高法院成立伊始，就以界定自身權力的方式，填補了憲法第三條規定的空白。在此過程中，它也推翻了亞歷山大·漢密爾頓在《聯邦論》第78篇（《聯邦論》共85篇，都是為呼籲公眾支持對憲法的批准而作）中的預測：最高法院不能「影響槍桿子和錢袋子」，手頭「既無武力，也無意志，除了判決，別無所能」，司法機關將被證明是「最

　　　委員會，共有18名成員。總統提名擬任聯邦法官（含最高法院大法官）的人選後，由司法委員會組織確認聽證會，對法官人選進行質詢，然後決定這一人選是否交付參議院全體成員投票表決確認。司法委員會還負責人權、移民法、知識產權、反壟斷法等事務。憲法修正案正式交付表決前，也必須先經過參議院司法委員會同意。

3　司法能動主義（Judicial Activism）：主要指法官在解釋憲法、法律時，不受「遵循先例」原則約束，積極創制公共政策，試圖以立法者身份推動社會發展，通常作為「司法克制主義」（Judicial Restraint）的對立面。1953年至1969年，厄爾·沃倫擔任首席大法官期間，最高法院通過一系列里程碑判例，在維護墮胎和言論自由權利、取消種族隔離、保障刑事被告正當權益方面，全面推動了美國民權事業的發展，但也引發很大的社會爭議。在當前美國的司法意識形態背景下，無論自由派大法官還是保守派大法官，都不願意被別人指稱為「司法能動主義者」。參見[美]克里斯托弗·沃爾夫：《司法能動主義：自由的保障還是安全的威脅？》，黃金榮譯，中國政法大學出版社2004年版。

不危險的權力分支」。時至今日，這一自我界定的進程仍在延續。

1781年，剛剛誕生的邦聯通過的《邦聯條例》，並沒有創立國家層面上的司法系統和行政分支。[4]（這一時期，全國僅有一家國家級法院，即捕獲上訴法院，它的管轄範圍僅限於捕獲船隻引發的糾紛。[5]邦聯國會也有權設立解決各邦邊界爭端的特別法庭，但這樣的法庭僅設立過一次。）與現在一樣，那時各邦都有自己的法院系統。[6]這個新生國家的民眾擔心，一個擁有普遍管轄權的聯邦法院系統，將威脅到聯繫本就鬆散的各邦主權。但是，對1787年那些齊聚費城，預備修訂國家憲章的代表來說，缺乏一個國家級司法系統，正是這個權力

4　《邦聯條例》（The Articles of Confederation）：美國獨立戰爭期間，北美13邦組成戰時聯盟，合力對抗英國，卻不願有一個「中央政府」高高在上，所以制定了《邦聯條例》這一介乎盟約和憲法之間的文件。它過於鬆弛、脆弱，不能適應維繫聯邦的需要，因此才有制憲會議的召開，會議發起者希望借此推動憲法的通過，建立一個中央集權的全國政府。最後才有所謂「偉大的妥協」，成立了聯邦制國家。因此，美國的建國軌跡，應當是先有邦法，再有《邦聯條例》，最後才是聯邦憲法。參見尹宣：「《聯邦論》漢語譯本序言」，載[美]亞力山大·漢密爾頓、詹姆斯·麥迪遜、約翰·傑伊：《聯邦論：美國憲法述評》，尹宣譯，譯林出版社2010年版。譯者個人認為，該書也是國內最好的《聯邦論》譯本。

5　捕獲上訴法院（the Court of Appeals in Cases of Capture）：在美國最高法院成立之前，它是1780–1787年間唯一的全國性法院，主要處理獨立戰爭期間的海上捕獲問題。

6　State一詞，既可譯為「邦」，也可譯為「州」。在本書中，譯者將聯邦憲法1788年生效前彼此獨立、各自為政的13個殖民地一律譯為「邦」，各邦加入聯邦後，則統一譯為「州」。

過於分散的政府更為明顯的缺陷之一。[7]

　　制憲會議迅速批准了弗吉尼亞行政長官埃德蒙·倫道夫關於建立一個三權分立的中央政府的提議，三權分別歸屬於：立法、行政和司法。倫道夫提出的「設立一個國家級司法系統」的提議也被一致通過。但是，各邦代表們的大部分注意力和精力，都放在爭論並界定憲法第一條規定的國會權力和憲法第二條規定的總統權力上。憲法第三條的核心條款不到500個字，完全是妥協的產物，這個條款留下許多懸而未決的重要問題。例如，代表們沒有確定下級法院的職能，只籠統授權國會設立下級法院。就連大法官的具體數量也沒有明確。憲法第三條壓根兒沒有提到首席大法官這一職位，憲法僅（在第一條內）授予首席大法官一項特定職責：主持參議院對總統的彈劾審判程序。制憲會議就如何遴選最高法院成員的問題，進行了詳盡討論，最終決定這些人應經總統提名、參議院確認，方能任職。制憲代表們試圖通過聯邦法官「若品行端正，應終身任職」的規定，來保障司法獨立。

　　可是，司法獨立的目的是什麼呢？代表們注意到，部分邦的最高法院在行使着司法審查權，宣佈那些在法官看來違反邦憲法的立法無效。馬薩諸塞最高法院根據

7　根據歷史記載，1787年制憲會議最初的召開目的，只是要修訂《邦聯條例》，而不是制定一部新憲法。參見[美]馬克斯·法倫德：《設計憲法》，董成美譯，上海三聯書店2006年版。

該院對1780年馬薩諸塞邦憲法的解釋，通過行使司法審查權，宣佈奴隸制在境內違憲。制憲之前，弗吉尼亞、北卡羅來納、新澤西、紐約、羅得島等地的法院，都行使過司法審查權，有時還引起過廣泛爭議。

儘管制憲代表們似乎認為聯邦法院未來可以對聯邦法和州法適用司法審查權之類的權力，但憲法第三條對這一問題，仍然語焉不詳。它只是泛泛規定，聯邦法院司法權的適用範圍「延伸到由憲法、聯邦法律、條約引發的一切普通法和衡平法案件」。隨後，它明確列出了聯邦法院有權審理的案件類型：兩州或多州之間的案件；一州與另一州公民之間的案件；不同州公民之間的案件；「聯邦為一方當事人的訟爭」；所有涉及海事裁判權及海上裁判權的案件；涉及大使、公使和領事的所有案件；一州或其公民與外國政府、公民或其屬民之間的案件。

針對最高法院，憲法第三條專門區分了「初審」管轄權和「上訴」管轄權。也就是說，對於州或外國外交官為一方當事人的案件，最高法院可以作為一審法院直接受理；其他所有案件則由下級法院一審，最高法院負責上訴審。由於下級法院一開始並沒有設立，這樣的區分標準，會令閱讀憲法「司法條款」的人們非常費解。[8]這項區分的極端重要性，很快將在現實中得到印證。

8　美國憲法第三條規定了聯邦司法權及其適用範圍，又被稱為「司法條款」。

憲法剛一通過，國會便迅速根據憲法第三條確定的框架，着手設立聯邦法院系統。1789年《司法法》，也就是後人常說的「第一部《司法法》」，設置了兩個審級的下級法院：13個地區法院，按州界劃分管轄權，各院都配備專門的地區法官；3個巡迴法院，分別是東部巡迴法院、中部巡迴法院和南部巡迴法院。《司法法》沒有為巡迴法院提供專職法官崗位。每個巡迴法院的案件都由兩位最高法院大法官、一位地區法院法官審理，每兩個開庭期輪換一次。這一制度要求大法官們「騎乘巡迴」，在當時十分簡陋的州際交通條件下，這無疑是一項繁重的負擔，早期的大法官們對此深為憎惡。威廉·庫欣大法官的太太漢娜·庫欣抱怨說，她和丈夫簡直成了「出差機器」。[9] 儘管大法官們牢騷不斷，巡迴制度還是持續了一個多世紀，中間只經歷過少許修正，直到國會在1891年《埃瓦茨法》中同意設置配備專職法官的巡迴法院體系(也就是今天我們熟知的13個聯邦巡迴上訴法院)。

9　1790年代和19世紀早期，最高法院大法官們都不在華盛頓，而是住在各自家鄉，如馬里蘭州或康涅狄格州。他們可能受命在某個地區審案，之後又得趕往另一個地區。當時負責南方巡迴區的就是詹姆斯·艾爾德爾大法官，他住在北卡羅來納州，卻經常在佐治亞州、阿拉巴馬州和密西西比州審案，大部分時間都在外奔波。那時公路還沒有鋪好，有時得乘輪渡從一個地方趕到另一個地方，有時乘馬車在雨後滿是泥濘的路上顛簸，一天只能走幾英里的路程。這些老人經常得住在骯髒的小旅館裏，吃着很差的食物。關於早期最高法院這段歷史，可參見[美]伯納德·施瓦茨：《美國最高法院史》，畢洪海等譯，中國政法大學出版社2005年版，第15–33頁。

首屆最高法院由一位首席大法官和五位聯席大法官組成。[10] 首席大法官約翰‧傑伊出身於名門望族，本人亦是紐約著名律師，還是《聯邦論》的執筆者之一。新成立的最高法院立刻開始界定自身權限。聯席大法官當中，有三位曾是制憲會議的代表，他們分別是：來自南卡羅來納的約翰‧拉特利奇、來自賓夕法尼亞的詹姆斯‧威爾遜，以及來自弗吉尼亞的小約翰‧布萊爾。他們都對最高法院在憲法確立的「三權分立」體制中的地位有明確認識。（喬治‧華盛頓總統後來又任命了兩位參與了制憲會議的代表進入最高法院，分別是來自新澤西的威廉‧帕特森和來自康涅狄格的奧利弗‧埃爾斯沃思。）

　　早期的第一個轉折點發生在1793年，國務卿托馬斯‧傑弗遜代表華盛頓總統致函最高法院，希望大法官們幫忙解釋1778年的《美法條約》，借此解決條約引發的一系列問題。公函列出了29個具體問題。當時，各州法官經常為總統出具所謂「諮詢意見」，某些州至今仍這麼做。但是，傑伊首席大法官和其他聯席大法官認為，傑弗遜的這一請求超出了聯邦法院的職權範圍。在給總統的回函中，最高法院答覆說：「憲法為政府三大部門設定的分界線 —— 要求它們在某些方面互相制約監督 —— 我們只是終審法院法官 —— 上述界限可以作為有

10　聯席大法官（associate justice）：最高法院大法官之間是平等關係，除首席大法官外，其他大法官都被稱做聯席大法官。

力依據，阻止我們逾越司法權限、作出答疑解惑的不當之舉。」

上述拒絕充當顧問角色的早期做法，確立起一項恆定法則：根據憲法授權，聯邦法院只處理因對立當事人之間的爭議引發的問題。不過，這項法則說來容易，用起來卻很麻煩，最高法院在之後的兩個世紀，一直在對它進行詳細闡釋。直到今天，聯邦法院的「憲法第三條管轄權」的範圍仍然存在很大爭議。最重要的爭議很簡單：聯邦法院的管轄權問題本來深植於我國的憲政源頭，最高法院卻自己給出了答案。

1790年2月，最高法院大法官們在紐約市首度聚齊，當時紐約尚是國家首都。最高法院第一次會議在位於下曼哈頓地區的商業交易所(又稱「皇家交易所」)大樓內舉行，那裏也是最高法院1935年在國會山上擁有屬自己的辦公場所之前，使用過的幾個辦公地點之一。

在紐約待了一年後，最高法院又遷往費城，起初位於州議會大廈，隨後搬入新建的市政廳。在那裏，大法官們與當地市政法院共用一個辦公地點。九年後，也即1800年，最高法院隨中央政府其他部門一併從費城遷至新都華盛頓特區。之後135年間，最高法院都在國會大廈內辦公。1800年，總統和國會都已搬進自己的辦公場所，最高法院名下卻沒有任何不動產，直到將近20世紀中葉才找到安身之處。這一點充分說明，以最高法院為首的司法分支，一開始並沒有與另外兩個分支平起平

坐。最終還是得靠最高法院賦予自己對憲法的主導權，才爭得地位上的對等。

　　起初，最高法院想要成為顯要部門的前景似乎遙不可及。在最初兩個開庭期，1790年2月和8月，這個機構幾乎無事可做。第一個開庭期之後一年，最高法院終於受理了第一起案件，但是在正式開庭之前，雙方當事人就和解了。六個月後，1791年8月，最高法院受理了第二起案件，一起因商事糾紛引發的上訴。大法官們聽取辯論後，宣佈因上訴程序違法，不會就本案作出判決。直到1792年，最高法院才正式開始發佈判決意見。

　　早年間，由於對聯邦重罪擁有初審管轄權，巡迴法院的案件數量與日俱增，大法官們作為巡迴法院法官，審判任務極端繁重，疲於奔命。巡迴期間，大法官們逐步總結出一些關於聯邦法律與司法管轄權的重要法則。較典型的例子是1792年的「海本案」。當時，新實施的《殘疾撫恤金法》指派巡迴法院行使撫恤金委員會的職能，處理獨立戰爭傷殘老兵的撫恤金申請事宜。身兼巡迴法官職責的大法官們，拒絕行使這一新被賦予的司法管轄權。這裏存在的問題是，法官關於老兵是否應獲得撫恤金的決定，都要接受戰爭部長審查。大法官們認為，行政分支這種多此一舉的審查行為，將使法院之前的決定淪為一種非司法行為。負責三家巡迴法院審判事務的大法官們分別致信華盛頓總統，闡述了他們不能接受指派的原因。「這樣的修正與操控[原文如此]在我們看

圖1　老商業交易所大樓。又稱皇家交易所，是最高法院第一個辦公場
所。1790年2月2日，最高法院在這座位於下曼哈頓地區的大樓首度召集

來與憲法賦予法院的司法權的獨立性完全相悖。」負責中部巡迴法院審判事務的詹姆斯·威爾遜和約翰·布萊爾大法官在信中解釋道。總檢察長[11]上訴到最高法院，但是，大法官們聽審後，並沒有作出裁判，因為在此期間，國會已修訂了這一激起眾怒的法律條款。那麼，「海本案」算得上最高法院首次判定國會立法違憲的案件嗎？不算，因為從形式上講，法院並沒有發佈正式判決。不過，這次爭議受到廣泛關注，公眾也據此深信，大法官們清楚瞭解憲法劃定的司法管轄權邊界，並將成為這一邊界的忠誠守護者。

第二年，最高法院判處了一起被普遍認為是建院之初極為重要的案件。1793年，這起名為「奇澤姆訴佐治亞州案」（*Chisholm v. Georgia*）的案件的判決迅速激起強烈反彈，直接導致「權利法案」包含的十條憲法修正案通過之後，又一條新的修正案被批准。[12] 此案起因是，南卡羅來納一名商人為追討佐治亞州在獨立戰爭中欠下的

11　總檢察長（Attorney General）：美國國會根據1789年《司法法》設立的職位，最初負責聯邦政府所有在最高法院的檢控和訴訟事務，並答覆總統或其他內閣成員的法律諮詢。1870年，國會設立司法部後，這一職位的職責也進一步擴充，多被譯為「司法部長」。在本書中，司法部設立之前任此職者，統一譯為「總檢察長」，司法部設立後任此職者，統一譯為「司法部長」。

12　「權利法案」：美國憲法第一至第十修正案。美國憲法通過後，不少人認為憲法對個人權利尚缺乏明確的保障，在托馬斯·傑弗遜的推動下，詹姆斯·麥迪遜牽頭起草了相對獨立的「權利法案」，「權利法案」於1789年9月25日獲得國會通過，1791年12月15日生效。

債務，起訴了後者。原告根據憲法第三條關於最高法院管轄一州與其他州的公民之間的訟爭的規定，直接向最高法院提起訴訟。最高法院駁回了佐治亞州關於自己是主權州，可以自動豁免於未經其同意的訴訟的說法。由於佐治亞州拒絕出庭應訴，最高法院進行了缺席裁判。

按照傳統，位於多數方的五位大法官(另有一位大法官持異議意見)分別發佈了單獨意見。這些意見共同組成一份帶有強烈國家主義色彩的判決。「根據合眾國立國宗旨，佐治亞州不是一個主權州。」威爾遜大法官寫道。不出所料的是，各州都對事態的發展感到驚訝，兩天之後，就有人提議專門制定一條憲法修正案，以推翻最高法院的判決。1798年，憲法第十一修正案獲批通過，宣佈聯邦法院的司法管轄權「不得被解釋為可延伸到」由某州公民針對另一州提起的訴訟。儘管修正案白紙黑字似乎說得很明白，但是，州豁免於訴訟的範圍問題遠沒有得到解決，相關爭議直到今天仍然存在。[13]

13　「奇澤姆訴佐治亞州案」：1777年，佐治亞州為了向駐紮在塞芬那地區的部隊提供補給，購買了超過169 000美元的物資。南卡羅來納州一名商人還未收回貨款，就撒手人寰，他的遺囑執行人奇澤姆為追回債務，起訴了佐治亞州。提交至最高法院的待決問題是，對於南卡羅來納州居民針對主權州佐治亞州提起的訴訟，聯邦法院是否有司法管轄權。在任的五位大法官以4票對1票判定，州可以作為聯邦法院的被告。多數方判定，聯邦法院的司法管轄權不僅源自國會在《司法法》中的授權，還包括憲法第三條關於司法權延伸至「一州與另一州公民」之間的訟爭的規定。佐治亞州試圖以英國普通法中的「主權豁免原則」，對抗奇澤姆的起訴，但被最高法院駁回。首席大法官傑伊在判決意見中解釋說，在民主的美國，不存在什麼主權豁免。那種諸侯

1795年，曾競選紐約州州長失利的首席大法官傑伊，在最高法院任上當選為州長後，辭職赴任。紐約一家報紙盛讚此舉，將首席大法官當選州長稱為「升遷」。華盛頓提名來自南卡羅來納的約翰·拉特利奇接任首席，拉特利奇早先曾被任命為聯席大法官，但還未正式開始工作，就辭職轉任南卡羅來納州最高法院首席大法官。[14] 這一次，拉特利奇欣然接受了總統的「休會任命」，可是，參議院沒有批准他出任大法官。[15] 不

享有主權、人民皆是臣屬的學說，完全是陳腐思想的餘毒。在美國，主權屬人民。與英國不同的是，「美國人共享主權，彼此平等」。各州當時都負債在身，有些還面臨破產威脅，「奇澤姆案」的判決當然不受歡迎。1793年2月20日，距最高法院宣判僅兩天，麻薩諸塞州議員西奧多·塞奇威克提議修改憲法，剝奪聯邦法院對以一州為被告的案件的管轄權。為推動上述提議，對「奇澤姆案」的批判之聲漸起，兩年之後，憲法第十一修正案獲批通過。這條修正案取消了聯邦法院對外州居民作為原告起訴一州的案件的管轄權，但隻字不提普通法中的「主權豁免原則」。修正案正文並沒有禁止（其實根本就沒有提及）一州居民為維護聯邦法律創設的權利起訴本州。

14　華盛頓決定首任首席大法官人選時，約翰·拉特利奇也是候選人之一，他與約翰·傑伊都是制憲元勳，政治資歷也不相上下，對首席大法官職位志在必得。但是，考慮到總統本人、國務卿托馬斯·傑弗遜、總檢察長埃德蒙·倫道夫全部來自南方，再提名一個南方人出任首席大法官不太合適，華盛頓最終還是選擇提名來自中部的傑伊。拉特利奇為此深受打擊，進入最高法院後亦鬱鬱寡歡，當家鄉的最高法院邀請他出任首席大法官後，他欣然接受，辭去了聯邦最高法院大法官的職位。參見[美]伯納德·施瓦茨：《美國最高法院史》，畢洪海等譯，第16頁。

15　休會任命(Recess Appointment)：1795年夏天，傑伊辭職後，華盛頓在國會休會期間，任命拉特利奇為首席大法官。由於沒有得到國會批准，這只是一項臨時性任命。然而，由於拉特利奇曾在一次演講中，

過，拉特利奇的確於1795年8月12日至12月15日期間在任，所以，他仍被視為美國第二任首席大法官。

華盛頓隨後提名在任聯席大法官威廉‧庫欣出任首席，參議院很快批准。但庫欣卻以健康狀況不佳為由拒絕了任命。總統又提名來自康涅狄格的奧利弗‧埃爾斯沃思，這次終於成功了。第三位首席大法官於1796年3月履任，1800年12月15日因健康原因請辭。約翰‧亞當斯總統邀請約翰‧傑伊回原崗位工作。但此時已經擔任兩屆紐約州州長的傑伊卻拒絕履職，說他「完全確信」聯邦司法系統存在根本「缺陷」，也無法「獲得公眾對本國司法最後一道救濟途徑所應有的信任和尊重」。

正是在這樣的不利背景下，約翰‧亞當斯提名自己的國務卿約翰‧馬歇爾出任第四任首席大法官。[16] 馬歇爾是弗吉尼亞人，曾在獨立戰爭中浴血奮戰，時年45歲，至今仍保持着最年輕的首席大法官的履職記錄。（第二年輕的是小約翰‧羅伯茨，2005年履任時才50歲。）馬歇爾是全國知名的人物，在推動弗吉尼亞批准憲法過程中發揮了重大作用，還曾赴法國執行重要外交使命。馬歇爾的父母有15個子女，他排行老大，這或許可以解釋他與生俱來的領導才能。馬歇爾時常被人誤以為是美國

嚴厲批評過傑伊參與磋商達成的美英《傑伊條約》，再加上被懷疑患有精神疾病，參議院最終否決了對他的提名。不過，他在歷史上仍被視為第二位首席大法官。他的畫像今天仍懸掛在最高法院院內。

16 1801年1月20日，亞當斯總統提名馬歇爾出任首席大法官，當時，他正與傑弗遜角逐總統之位。不到一個月時間，也即1801年2月17日，傑弗遜在大選中戰勝亞當斯，當選為美國總統。

圖2　約翰·馬歇爾首席大法官。倫布蘭特·皮爾繪製的這位第四任首席大法官的畫像，至今仍在最高法院內多處懸掛

第一位首席大法官。這個錯誤完全可以理解。1801年2月履任後，他在首席任上一幹就是34年，直到1835年7月6日去世。他逝世時，最高法院已完成重大轉型，不再是跟在另外兩個政府分支後面亦步亦趨的異父姊妹。馬歇爾於1801年3月4日主持了托馬斯‧傑弗遜的總統宣誓就職儀式，然而，讓傑弗遜失望的是，馬歇爾領導下的最高法院秉持強烈的國家主義理念，並積極適用憲法，利用自己在憲法解釋上的權威地位來推行這一理念。[17]

1803年2月24日宣判的「馬伯里訴麥迪遜案」（*Marbury v. Madison*），是馬歇爾法院最廣為人知的案件，也是最高法院歷史上最著名的案件之一。當時，馬歇爾才履任不久。這起案件之所以發生，要歸因於1800年大選後政權由亞當斯領導的聯邦黨人之手向傑弗遜領導的共和黨人手中過渡時的緊張關係和混亂狀態。聯邦黨人居多的法院系統，本來就被在大選中獲勝的共和黨人視為「眼中釘」，更何況由聯邦黨人主導的即將換屆的國會，匆匆批准設立了42個新司法職位，供亞當斯總統在離職前數週內任命新人補缺。

---

17 傑弗遜與馬歇爾雖是弗吉尼亞同鄉，但馬歇爾在1796年大選時，曾拒絕支持傑弗遜，1797年的「XYZ事件」中，馬歇爾又揭露了法國政府的索賄行為和貪得無厭，讓親法的副總統傑弗遜十分難堪。所以，傑弗遜本人是非常不喜歡馬歇爾的。關於美國國父們的政治理念之爭，以及傑弗遜與馬歇爾之間的恩怨，可參見[美]詹姆斯‧西蒙著：《打造美國：傑弗遜總統與馬歇爾大法官的角逐》，徐爽、王劍英譯，法律出版社2009年版。[美]約瑟夫‧埃利斯著：《那一代：可敬的開國元勳》，鄧海平等譯，中國社會科學出版社2003年版。

馬里蘭州一個名叫威廉・馬伯里的徵稅官得到一份「午夜」任命，擬赴哥倫比亞特區任治安法官。[18] 參議院批准了對馬伯里等數十人的任命。但是，要想正式履任，這些新被任命的法官還需得到一份委任狀。然而，亞當斯行政分支卸任時，馬伯里並沒有拿到這紙公文。傑弗遜總統的國務卿詹姆斯・麥迪遜拒絕發出委任狀。在聯邦黨人政治圈內十分活躍的馬伯里直接向最高法院提起訴訟。他想申請到一份執行職務令狀(writ of mandamus)，這是一種命令對方交出委任狀的司法指令。這似乎是一條唾手可得的救濟途徑，因為國會在1789年《司法法》中明確規定，公民可以針對某位聯邦官員，直接向最高法院提出執行職務令狀申請。

作為法律問題，此案結果似乎一目了然，但是，這起案件又高度政治化，使最高法院的權威受到挑戰。麥迪遜極有可能無視法院將委任狀交給馬伯里的指令。最高法院應如何既維護法治尊嚴，又不與行政分支發生激烈對抗，避免從此長期處於弱勢地位呢？

馬歇爾的解決方式是，主張最高法院擁有這項權力，卻沒有直接行使。判決是以最高法院一致意見的形式發佈的。最高法院統一發聲，是馬歇爾的新創舉，判決不再由一系列單獨的協同意見組成。最高法院判定，馬伯里應當得到自己的委任狀，但最高法院不能勒令行

---

18 亞當斯卸任前，即將換屆的參議院匆匆批准了對42位治安法官的任命，由於任命趕在夜間進行，後人諷刺這批法官是「午夜法官」。

政分支發出。因為憲法第三條賦予最高法院的「初審」管轄權，並不包括發佈執行職務令。法院認為，國會在《司法法》第十三節中規定最高法院可以直接受理像馬伯里申請執行職務令這類初審案件，這是違反憲法的，最高法院不能發佈這類執行令。判決使最高法院得以在政治動盪時期遠離紛爭；因為沒有發佈執行令，傑弗遜行政分支也無從抱怨。當然，判決的重要意義，在於最高法院主張自己有權審查國會立法是否違憲。馬歇爾宣佈：「決定法律是什麼，是司法部門當仁不讓的職權與責任。」此話在最高法院的歷史上被不斷援引，影響一直持續至今。最高法院貌似謙恭地放棄了行動的權威（authority），卻為自己爭得了重大的權力（power）。

這一權力的全部意義並沒有立刻顯現。事實上，「馬伯里案」宣判後的第六天，最高法院就在首席大法官馬歇爾缺席的情況下，迴避了一場潛在的憲政對抗。在1803年的「斯圖爾特訴萊爾德案」（*Stuart v, Laird*）中，大法官們以5票對0票，維持了國會廢除1801年《司法法》的決定。[19] 一些歷史學家認為，上述舉措說明，最高法院不打算冒險試探，把自己剛剛自我授予的權力用

19　「斯圖爾特訴萊爾德案」：本案由國會廢除1801年《司法法》的決定引發，涉及兩個憲法問題：(1)國會是否有權廢除1801年《司法法》創設的巡迴法院，進而剝奪相關法官的審判資格？(2)國會能否要求相關法官繼續擔任巡迴法官？最高法院對這兩個問題都持肯定態度，但沒有正面回應質疑，避免了與共和黨人佔支配地位的國會和行政分支發生正面衝突。

得太滿。最高法院第二次宣佈國會某部立法違憲，已是半個多世紀之後。1857年的「德雷德·斯科特訴桑福德案」（*Scott v. Standford*）判決宣布《密蘇里妥協案》無效，並判定國會無權廢除準州實行的奴隸制。[20] 這個臭名昭著的判決，將國家往內戰之路上推進了一大步，或許並非司法審查的最佳宣示。[21] 但是，從此以後，最高法院不再像最初那麼緘默克制。它先後150多次宣佈國會立法違憲。

那麼，當代最高法院如何行使它掌握的重大權力？案件如何來到最高法院？大法官們又如何選案，如何判決？大法官都是些什麼人？他們是如何被選中的？這是本書餘下部分要介紹的內容。

20　準州（territory）：指尚未正式成為州，但已擁有本地立法機構的地區。英國退出北美後，空出大片土地，當時的邦聯政府為避免這片土地成為各州爭奪對象，先後通過《土地法令》和《西北地區法令》，規定可在五大湖區設立準州，並逐步使其過渡為州。具體要求是：任何一塊土地上的成年男子達到5000人，即可成為準州，可以設立準州政府或準州議會，由邦聯政府派法官或總督治理，一旦居民達到6萬人，並通過本州憲法，就可以被邦聯國會吸納為新州。許多中文著作或美國憲法中譯本將territory一詞譯為「領土」或「領地」，似與原意不符。關於準州與州的政治地位及變遷，詳細論述可參見Peter S. Onuf, Territories and Statehood, in *Encyclopedia of American Political History*, edited by Jack Greene, vol. 3 (1984), pp. 1283–1304. 另可參見林立樹：《美國文化史：民主與平等》，台灣五南圖書公司2005年版，第16頁。

21　關於此案詳情，參見[美]斯蒂芬·布雷耶：《法官能為民主做什麼》，何帆譯，法律出版社2012年版，第四章「引發內戰的判決：德雷德·斯科特案」。

第二章
最高法院如何運轉(一)

　　如果哪位失望的當事人發誓「要把我的官司一路打到最高法院！」這樣的威脅到頭來多半是虛張聲勢。一個案子若想上訴到最高法院，會面臨重重阻礙。有些來自憲法本身：憲法第三條將聯邦法院的司法管轄權限制於審理「案件」和「訟爭」，盡管之後我們也會看到，這些詞的含義本來就不太明確。另一個障礙，內在於最高法院在聯邦體制中的地位：最高法院通常不應審查州最高法院對本州憲法的解釋。例如，最高法院不可能審查馬薩諸塞州最高法院2003年根據州法作出的，承認同性戀者結婚權的判決，因為州法院在判決中解釋的是馬薩諸塞州憲法(此案即「古德里奇訴公共衛生廳案」*Goodridge v. Department of Public Health*)。(不過，州高院作出的解釋聯邦憲法的判決，的確屬聯邦最高法院的司法管轄權範圍。)制約案件送交最高法院複審的其他障礙，來自聯邦法律。例如，國會立法對向最高法院提起上訴設定了嚴格的截止期限。

　　明顯屬最高法院的司法管轄權範圍，程序上也完全符合訴訟規則的案子，接下來還會遭遇或許是最難

逾越的障礙：大法官們的自由否決權。對絕大多數上訴法院來說，所有經正當程序提起的上訴，都必須審理；與之不同的是，最高法院幾乎能全權決定自己的待審案件表上的案子。[1] 一年到頭，大法官們批准受理的案件，只佔提交上來的案件總數的1%。最高法院審理的上訴案件來自13個聯邦巡迴上訴法院、50個州最高法院，偶爾也來自其他法院，如軍事司法系統最高層級的法院 —— 美國軍事上訴法院。還有個別種類的案件，主要是涉及選舉權和重劃選區的案件，是從專門的聯邦地區法院直接上訴到最高法院的。[2] 在2010–2011年開庭期，最高法院共收到7857件新的複審申請。加上上一開庭期累積的1209件申請，包括已批准受理，但還沒來得及開庭審理的40起案件，最高法院共同意受理90起案件，並就其中78起發佈了判決。

我可以選取新近幾起案件為例，說明最高法院裁決的案件類型，以及大法官們如何審理這些案件。雖然並沒有什麼專門由最高法院審理的案件，但在特定時期內，最高法院審理的案件的範圍卻有典型性，被

1　待審案件表(docket)：由最高法院書記官製作的，載明某一開庭期最高法院將要審理的案件的一覽表。對待審案件表的控制權，可以引申理解為最高法院大法官們的自主選案權。是否受理某個案子，完全由大法官們投票表決決定。九個人當中，只要有四位大法官同意受理，該案即可載入待審案件表內。

2　重劃選區(redistricting)：有時又稱「議席的重新分配」(reapportionment)。由於人口變動，眾議院或州立法機關的選區應定期重新劃定，以符合選舉權平等(一人一票)的憲法原則。

選中的案件可以大致均勻分成兩大類。第一類是憲法解釋類案件，當事人通常會主張某項聯邦法、州法或政策違反了憲法相關條款。第二類案件則是申請大法官們判定某項聯邦法律的具體含義或適用範圍。這類案件的一個子類涉及聯邦各機構的工作。[其實，還有第三類主要是各州之間的訴訟——每年大概有一到兩起，屬最高法院應行使「初審管轄權」的訟爭。這些訟爭大都是曠日持久的州界爭端、州際水權之爭中出現的新情況。最高法院往往會指派一名律師或退休法官作為「特別主事官」(special master)聽取證詞，並給出裁判建議。這一過程有可能持續好幾年時間。][3]

憲法類案件

有的憲法類案件提出的是關係到三權分立的憲政框架類問題。例如，是不是每個政府分支都只行使專屬自己的權限，而不得行使屬其他分支的權限？國會，或總統履行職權時，是否可以為所欲為？近年的

---

3 關於特別主事官的作用，可參見「美國訴阿拉斯加州案」。上世紀末，美國聯邦政府與阿拉斯加州圍繞該州北極沿岸富含油氣的下沉陸地所有權之爭持續多年。1980年2月，聯邦最高法院委派J.基思．曼恩教授擔任本案特別主事官，以聽證會方式審查雙方提交的訴狀和證據，並撰寫建議報告。1996年，曼恩教授提交了報告和結論。1997年6月19日，最高法院在「美國訴阿拉斯加州案」判決中支持了聯邦政府的主張。

這類案件如：在州的「同情使用」法已經認可的情況下，國會是否有權禁止居民在當地種植或使用醫用大麻？（最高法院在2005年的「岡薩雷斯訴雷奇案」（*Gonzales v. Raich*）[4] 中給出了肯定性答案，這是對國會規制州際商事[5] 權力的一種解釋。）總統是否可以單方決定設立由軍事委員會構成的審判系統，審理被作為「敵方戰鬥人員」扣押的非美國公民？（最高法院在2006年的「哈姆丹訴拉姆斯菲爾德案」（*Hamdan v. Rumsfeld*）中給出的答案是：不行。這起案件的判決雖然在形式上依據的是立法和國際公約條文，卻富含尊重權力分立的意味。[6]）

4　「岡薩雷斯訴雷奇案」：加利福尼亞州於1996年通過法律，允許人們在醫生的建議下，為醫用目的種植、獲得或使用大麻。此外，阿拉斯加、科羅拉多、夏威夷和華盛頓等九個州也制定了類似有「同情使用」內容的法律。加州兩位使用大麻鎮痛的腦瘤、脊椎病患者，在自家院內種植的大麻被聯邦執法人員根據聯邦《藥物管制法》沒收，兩人據此提起訴訟。2005年，最高法院以6票對3票判定，聯邦政府有權立法規制使用大麻的行為。

5　州際商事：國會規制州際商事的權力，涉及對憲法「商事條款」中「商事」含義的理解。「商事條款」是指美國憲法第一條第八款第三項，該條款授權國會規制對外、州際和同印第安部落的商事，相當數量的聯邦法律和條例是根據這一條款制定的。各州為防止聯邦政府的規制權力過分擴張，進而干涉州內事務，多傾向於對「商事」的範圍進行嚴格解釋，與「商事」無關者，國會不得立法干涉。類似案件訴至最高法院後，大法官們也會通過對「商事」或「州際商事」的解釋，判定國會是否有權立法規制某些州內事務。

6　「哈姆丹訴拉姆斯菲爾德案」：「反恐戰爭」期間，涉及關塔那摩灣囚犯的案件之一。小布殊行政分支為剝奪囚犯們向聯邦法院尋求救濟的權利，單方設立了軍事法庭。在阿富汗戰場上被俘的塞勒姆·阿曼

更多情況下，憲法類案件會提出關於個人權利的訴求：第一修正案下的言論自由權、第四修正案下免受不合理搜查和扣押的權利、第十四修正案下受法律或政策平等保護的權利。那麼，一個州立法學院給予少數族裔申請者適當優惠條件，是否侵犯了白人申請者受平等保護的權利呢？（最高法院在2003年的「格魯特訴博林傑案」（*Grutter v. Bollinger*）中給出的答案是：沒有侵犯，因為這項政策是為促進教育多元化這一州的「緊迫利益」服務的。）憲法第二修正案中關於「人民持有和攜帶武器的權利」的規定，是否賦予公民個人基於自衛目的備槍於家中的權利？（最高法院在2008年的「哥倫比亞特區訴赫勒案」（*District of Columbia v. Heller*）中給出的答案是：可以，並推翻了哥倫比亞特區控制槍支的法律。[7]）

德·哈姆丹被指控為本·拉登的司機，他在律師幫助下，挑戰軍事法庭的合法性。最高法院最終判定：未經國會批准，五角大樓不得單方設置軍事法庭。同時，軍方不得忽視《日內瓦公約》的存在，相關程序必須符合公約規定。此案詳情，參見[美]傑弗里·圖賓：《九人：美國最高法院風雲》，何帆譯，上海三聯書店2010年版，第245頁、第280–283頁。

7　「哥倫比亞特區訴赫勒案」：哥倫比亞特區1976年頒佈了一項法令，規定除了現役和退役的執法人員，以及該法通過前已持有手槍者，特區居民一律不准擁有手槍；步槍、霰彈獵槍等其他武器也必須存放在家裏，而且「必須上鎖或分拆，子彈不能上膛」。保守派人士羅伯特·列維認為這部法令違反了憲法第二修正案，決定出資贊助合適的原告以訴訟方式挑戰該法。2002年2月，包括迪克·赫勒在內的六名原告在聯邦地區法院起訴了特區政府，隨後又上訴到特區巡迴上訴法院。2007年3月9日，上訴法院判特區政府敗訴，判定禁槍令違反了憲

對於最高法院審理的這些憲法類案件，有許多可堪評論之處：首先，前面提到的幾起判例，沒有一個是以一致意見達成的，每個案子中都至少有三人投了反對票。所以，不管憲法的本意是什麼，各位大法官都會按自己的不同理解作決定，這也說明，對憲法的詮釋遠不是照本宣科那麼簡單。第二，許多憲法類案件，如法學院平權措施案，需要大法官們平衡各種相互衝突的利益，如白人原告要求得到的平等對待權，和州方面提出的實現受教育人群種族多元化的社會需要。[8] 不同的大法官對相互衝突的利益作出的平衡也各

法第二修正案。2007年11月，聯邦最高法院受理「哥倫比亞特區訴赫勒案」，並於2008年6月26日，以5票對4票宣佈：第二修正案保護的是個人基於傳統的合法目的（如在家中實施自衛），擁有並使用槍支的權利，而且這項權利與持槍者是否參加民兵組織無關。關於本案詳情及主要爭議，參見東來、江振春：《從「持槍權」看美國憲法的解釋》，載《讀書》2009年第8期。

8　平權措施：也被譯為「肯定性行動」或「糾偏行動」，是美國一種帶有補償性質的社會政策。根據肯尼迪總統1961年簽署的總統第10925號行政命令及隨後出台的一系列法案，凡是以前在美國社會因種族和性別原因遭受歧視的群體（如黑人、印第安人、拉美裔人、婦女等），在同等條件下有資格優先享受政府政策的福利。這些社會福利包括就業、入學、獲得政府合同、享受政府補貼、爭取獎學金，等等。這項政策受到保守派人士的激烈批評，認為在入學、招工上對少數族裔的優惠政策構成了對白人的「逆向歧視」，違反了憲法第十四修正案的「平等保護條款」。這裏的「法學院平權措施案」，即前文提到的2003年「格魯特訴博林傑案」，這起案件與「格拉茨訴博林傑案」同期審理，都是關係到高校招生中的種族優惠政策是否違憲的兩起重要案件。李·博林傑是時任密歇根大學校長。本書第七章還將提到此案。關於此案詳情及庭審細節，可參見[美]傑弗里·圖賓：《九人：美國最高法院風雲》，何帆譯，上海三聯書店2010年版，第192–201頁。

不相同，這一過程必須考慮多重因素，遠比在真空中簡單判定某方訴求是否正當要複雜得多。憲法大部分內容經過長期演進，都包含不同憲法價值觀的衝突，必須接受各類平衡原則的檢驗。[9]

第三，與早期的大法官們不同，當代最高法院的大法官們會發現，他們很少與憲法發生正面衝突。相反，呈現在最高法院面前的憲法問題，大都包含在兩個多世紀蓄積起來的層層先例內。當然，他們有時會用判決推翻先例。1954年的「布朗訴教育委員會案」（*Brown v. Board of Education*）判決將憲法第十四修正案的平等保護解釋為禁止官方背景的種族隔離，推翻了延續58年之久的先例，即1896年的「普萊西訴弗格森案」（*Plessy v. Ferguson*）[10]判決，後者認為只要「分離

9　平衡方法（Balancing）：有時又被稱為「平衡檢驗」（Balancing Test）或「平衡原則」（Balancing Doctrine）。按照《美國法律辭典》的定義，平衡原則是指法院用來權衡案件中衝突利益的方法。這類方法最常運用於政府行為與憲法權利對立的案件。根據平衡原則，憲法保護的權利並非絕對，相反，有時公共利益比個人自由更重要。法官通過權衡利弊，確定政府權力何種程度上優先於憲法權利，從而令社會免遭實質損害。參見[美]彼得·倫斯特羅姆編：《美國法律辭典》，賀衛方等譯，中國政法大學出版社1998年版，第316頁。《元照英美法詞典》對平衡方法的解釋是：法院在權衡個人權利和政府權力或州權與聯邦最高權之間的相關權益，尤其是涉及憲法問題時，使用的司法原則，以決定哪種權益佔優勢。參見薛波主編：《元照英美法詞典》，法律出版社2003年版，第129頁。

10　「普萊西訴弗格森案」：1896年，最高法院在這起案件的判決中宣佈路易斯安那州採取的種族隔離措施，並未侵犯憲法第十四修正案規定的「受法律平等保護的權利」。案件當事人霍默·普萊西是位擁有

的」設施「平等」，官方隔離就是可以接受的。[11]但是，在絕大多數案件中，大法官會像淘金礦工一樣，認真篩查既往先例，試圖從中找到解決手頭問題的答案。最高法院的判決意見都不是憑空起草的。多數意見會大量援引最高法院既往先例，意見撰寫者會參照先例闡述判決理由。最高法院長久以來時常處理的案件領域中，各類判決結果通常都有先例提供言之成理的支持。

2008年的哥倫比亞特區禁槍案是個例外。令人嘖嘖稱奇的是，最高法院過去從未就憲法第二修正案發佈過權威解釋，所以，關於特區禁止個人持有手槍的法律是否違憲的問題，之前並無成法。當然，關於這

八分之一黑人血統的美國公民，他因在路州踏入白人專用車廂而被捕。普萊西上訴辯稱，相關法律違反了憲法平等保護條款，但最高法院卻以7票對1票宣佈州法合憲。亨利·布朗大法官主筆的判決意見指責普萊西的訴求是無稽之談，認為他這麼做，是把「種族隔離措施看做為有色人種貼上了低劣階層的標籤」。「普萊西案」判決賦予了「隔離但平等」的種族歧視措施合法性。

11 「布朗訴教育委員會案」：1950年代，美國許多州和哥倫比亞特區的學校都實施「隔離但平等」的種族隔離措施，黑人學生不得與白人學生同校就讀。1951年，堪薩斯州托皮卡市的奧利弗·布朗代表自己八歲的女兒起訴該市教育委員會。原因是，他希望女兒能在距家五個街區的白人學校就讀，而不是到離家21個街區的黑人學校讀書，但是，布朗的請求遭到白人學校和教委的拒絕。聯邦法院審理此案後，認為兩所學校基本設施條件相同，判布朗敗訴。布朗隨後上訴至最高法院。1954年，由厄爾·沃倫擔任首席大法官的最高法院以9票對0票一致裁定，教育領域不適用「隔離但平等」原則，並宣佈公立學校的種族隔離措施違反憲法。

一點，僅由一句話組成的憲法第二修正案也語焉不詳：「保障一個州的自由，必須有一支管理良好的民兵，不得侵犯人民持有和攜帶武器的權利。」即使拋開冗餘的標點，這句話仍然令人困惑：撤開「管理良好的民兵」這個語境，它對個人是否享有持槍權並沒有給出明確說法。

安東寧‧斯卡利亞大法官代表多數方五位大法官，約翰‧保羅‧斯蒂文斯大法官代表異議方四位大法官，圍繞憲法第二修正案的文本和歷史進行了激烈論戰，並得出截然相反的結論。第二修正案保護的權利所屬的「人民」到底是指什麼人？按照斯卡利亞大法官的說法，「權利法案」在維護個人權利時，「人民」的範圍都是一樣，如第一修正案中「人民和平集會的權利」。斯卡利亞認為，第二修正案將自衛權視為一種「事先存在」的法律權利。斯蒂文斯大法官則認為，第二修正案提到的「人民」指在各州民兵組織中服役的人員，這是個集體享有的權利，僅屬現役軍人。在如何理解「攜帶武器」的問題上，雙方也存在分歧。斯蒂文斯大法官認為這種表述是專屬軍事領域的習慣用語。斯卡利亞大法官則認為根本不存在這樣的限制，這個短語指的是更一般的自衛。

異議方四名成員之一，斯蒂芬‧布雷耶大法官儘管在斯蒂文斯的異議意見上簽了名，卻提出了另一條替代思路，他稱之為「側重務實」的思路。他提出的

問題是，哥倫比亞特區禁槍法的立法意圖到底是什麼？這個立法意圖與第二修正案制定者打算保護的利益又有何關聯？布雷耶大法官認為，特區的立法目的，是想在人口稠密的都市環境下，維護公共安全。他提到，在殖民地時期，美洲殖民地許多大城市基於同樣的目的，紛紛立法限制私人家庭儲存容易引起火災的火藥。儘管馬薩諸塞憲法允許「人民……享有持有和攜帶槍支進行日常防衛的權利」，波士頓仍嚴格禁止攜帶裝填彈藥的槍支進入「任何住宅」或「波士頓市區內任何其他建築」。布雷耶的結論是，即便第二修正案維護的是個人權利，制憲者仍設定了一些例外，特區禁槍法的規定符合最初的立憲意圖。

關於第二修正案的這個案例說明，大法官們適用了多種方法解釋憲法。就像這起案件展示的，儘管文本解釋方法和歷史解釋方法通常被優先適用，但這兩種方法都沒能提供一個確定性答案。斯卡利亞大法官在1997年出版的《事關解釋：聯邦法院與法律》一書中，將自己描述為「文本主義者」和「原旨主義者」，堅信解釋憲法條款的唯一正當基礎在於制憲先賢的原始意圖。他警告說：「如果法院可以任意賦予憲法新的含義，他們的確會將憲法改寫成多數人期望的形式……我們本想讓憲法千秋萬代、無所不能，結果卻可能導致憲法一事無成。」[12]

12　該書中譯本已由最高人民法院黃斌博士譯出，即將由中國法制出版

布雷耶大法官則倡導「實用主義」的解釋方法，反對「憲法本身就可以很好地為今天的人民服務」的籠統說法。他在2010年出版的關於憲法解釋論的《法官能為民主做什麼》一書中寫道：「最高法院解釋憲法時，對條文內容、適用的理解，不能局限於起草憲法的時代，而應認為憲法蘊含一些永恆的價值觀，必須被靈活運用到不斷變幻的現實中去。」[13]

法律類案件

乍看起來，大法官們解釋法律似乎更容易一些，但是，最高法院受理的法律解釋類案件所帶來的挑戰，與憲法解釋類案件是一樣的，相關爭議也涉及基本的解釋方法之爭。

如果某項法律內容足夠明確，它或許不會成為最高法院審理的案件。但是，很少有法律能單憑條文本身，解決可能出現的一切問題。國會可能無法預測適用法條的全部情形。或者，通常情況下，對法律適用

社出版。2012年，斯卡利亞大法官又與布萊恩·加納合著了一本新書，全面闡述了自己的法律解釋立場，並回應了布雷耶大法官在《法官能為民主做什麼》一書中對自己的批評。此書即 *Reading Law: The Interpretation of Legal Texts* (West, 2012)。

13　該書已有中譯本，即[美]斯蒂芬·布雷耶：《法官能為民主做什麼》，何帆譯，法律出版社2012年版。該書第十三章專門討論了最高法院大法官們在「華盛頓禁槍案」中的爭議。

的前景，立法機關不願意考慮得那麼細。又或者，若想預見到法律適用過程中面臨的所有問題，需要某一方在立法時作出太多妥協。因此，國會也非常樂意讓法院去填補法律空白。畢竟，與憲法判決不同，如果國會認為最高法院判決有誤，可以發佈新的法律，推翻後者確定某項法律含義的判決。

《美國傷殘人士法》就是一個典型例子。這部重要的民權法律禁止對傷殘人士的歧視，自1990年制定以來，已經成為數十個法院判決，包括最高法院幾個重要判決的對象。這部法律的禁止性規定大多數是明確的，但是，「傷殘」如何界定？國會只提供了比較粗略的定義：「(A)身體或腦部受到的損害導致其一項或多項主要日常行為實質性地受限；(B)有過這類損害的記錄；或者(C)被視為受到過這樣的損害。」平等就業機會委員會作為執行這部法律的聯邦機構，相應地發佈了一項規章，將「主要日常行為」界定為包括「諸如自我照顧、動手、行走、看、聽、說話、呼吸、學習、勞動的功能」。

一個問題很快出現了：如果某人的身體條件符合上述界定之一，但症狀可以通過藥物或醫療設備緩解呢？按照這部法律，這個人是否還算傷殘人士？如果算，是處於矯正狀態還是未矯正狀態才算？法律和行政規章都沒有給出答案。兩位視力有缺陷，但完全可以矯正的女士，因為被拒絕招錄為飛行員，根據

《美國傷殘人士法》提起訴訟。她們訴稱，既然自己因為視力問題沒能成功應聘，就應當被視為傷殘人士，進而得到免受就業歧視的保護。最高法院在1999年的「薩頓訴美國聯合航空案」（*Sutton v. United Stated Airlines*）判決中指出，這些女士戴上眼鏡後，從事任何主要日常行為都不再受限。最高法院判定，國會的立法意圖，是將這部法律的適用範圍限制在「那些通過矯正措施仍無法緩解所受損害的人」身上。還有一個患有高血壓症，但已通過藥物控制血壓的人，因僱主知道他患高血壓的情況，丟掉了商業運輸貨車司機的工作。他提起訴訟，聲稱自己受這部法律保護。但最高法院在1999年的「墨菲訴聯合包裹服務公司案」（*Murphy v. United Parcel Service*）中，駁回了他的訴訟請求，判決理由與之前一樣：經過藥物治療，這名卡車司機的主要日常行為能力並沒有受限。最後，面對大批類似的個人訴訟請求，最高法院打算作一個更有普遍法律適用意義的澄清。在2002年的「豐田汽車工業公司訴威廉姆斯案」（*Toyota Motor Mfg. v. Williams*）中，大法官們駁回了一位女士的訴訟請求。這位女士因患腕管綜合征，動手能力受限，丟掉了在裝配線上的工作。最高法院認為：「調查的核心必須是，申請人是否無法完成絕大多數人日常生活中的那類核心行為，而不是她是否無法完成與她從事的具體工作密切相關的行為。」

值得一提的是，前兩個判決並不是由一致意見達成。在近視患者報考飛行員案中，斯蒂文斯和布雷耶兩位大法官都發佈了異議意見。他們認為，最高法院居然認為「個人通過特定方式克服生理或智力限制，讓自己變得更符合任職要求時，反而不存在對他們的法律保護」，這簡直是「違反常理的結論」。兩位大法官認為，《美國傷殘人士法》的立法目的，是糾正一種普遍性的歧視，最高法院不能狹隘地理解這部法律，而應當依循「常用的法律解釋準則，對救濟性立法作出擴張性解釋，以實現立法意圖」。

傷殘人士諸案展示了大法官們在法律解釋方法上的衝突：第一種方法，是想將手頭的案子準確對應於法條的明確規定；另一種方法，則後退一步，試圖根據國會最初的立法意圖解釋法律。要想確定立法意圖，通常需要查詢立法時的歷史文獻——國會的辯論記錄、相關委員會的聽證會記錄、委員會的報告、參眾兩院的最終報告。正如最高法院的異議意見方在「傷殘人士案」中所指出的，《美國傷殘人士法》的立法文獻明確說明，一個人是否屬傷殘人士，要以他未矯正的狀態為判斷依據；例如，一個喪失聽力的人，無論他能不能靠助聽器解決問題，都應被視為聽這一主要日常行為受限的人。

布雷耶大法官認為，法院應像「工作搭檔」那樣，充分利用手頭掌握的文獻，幫助國會實現立法意

圖。相反，斯卡利亞大法官堅決反對援引立法歷史文獻，因為他認為這些材料根本靠不住，而且容易受國會工作人員「操縱」。他認為，與其猜測立法隱含的目的，法院不如直接根據國會制定法律時的明確用語判案。其他大法官則認為，至少在某些情況下，立法歷史的文獻可以作為提供參考的手段。

行政機關

隨着整個國家日趨行政化，最高法院時常需要處理關於行政機關是否恰當履行了法定職責的問題。近年引人矚目的案件，主要集中在環保政策糾紛，以及關於環保法律實施狀況的糾紛方面。儘管《空氣潔淨法》和《水源潔淨法》已有數十年歷史（早至1970年代），圍繞這些法律的爭議，仍然是最高法院的穩定案源。

如果適用於某個機構的法律就某項待決問題的規定比較模糊，最高法院通常會尊重行政機關在本職範圍之內給出的言之成理的解釋。但是，如果法律規定比較明確，最高法院會要求行政機關貫徹國會的立法意圖。[14]

---

14 「美國謝弗林公司訴國家資源保護委員會案」：最高法院在1984年的這起案件中確立了一項基本規則，澄清了法院應當在什麼情況下尊重行政機關的法律解釋。最高法院認為，如果相關問題的答案，在法律

小布殊總統執政後期，就發生過一起這樣的案件：聯邦環保署拒絕規制機動車排放二氧化碳和三種其他溫室氣體。聯邦環保署駁回了一個環保組織聯盟要求設定一套正式的規則制定程序，以規制與氣候變化相關的「尾氣排放」的申請。環保署的駁回理由是，根據《空氣潔淨法》，自己無權這麼做，因為所謂溫室氣體並不是這部法律所指的「空氣污染物」。馬薩諸塞等州和一個環保組織就此提起上訴後，最高法院不同意環保署的理由，指出：《空氣潔淨法》「明確」將這類氣體歸入對「空氣污染物」的「總括性定義」之內。最高法院在2007年這起名為「馬薩諸塞州訴聯邦環境保護署案」的案件中進一步指出，只有在基於科學而不是根據具體政策提供行為理由時，環保署才能拒絕行使規制權力。[15]（兩年後，奧巴馬行

中已經有「明確」規定，法院沒必要遵從行政機關的法律解釋，而且，在解決問題時，也無須考慮行政機關說過什麼。但是，如果答案並不清楚——例如，法律「沒有規定或內容模棱兩可」——法院應假設國會將解釋法律的權力授予了行政分支，遵從(和支持)「行政機關官員對法律作出的言之成理的解釋」。

15　「馬薩諸塞州訴聯邦環境保護署案」：《空氣潔淨法》規定，聯邦環保署應規制「危及公共衛生和福利」的「任何空氣污染物」。法律把「空氣污染物」定義為「任何導致空氣污染的介質……包括釋放到自由流通的空氣中的任何物理、化學……物質……」。環保署解釋稱，法律條文中的「空氣污染物」，不包括溫室氣體，但最高法院以勉強多數的投票結果，推翻了這一判斷。法院未採納行政機關的解釋，宣佈《空氣潔淨法》中的「空氣污染物」包括溫室氣體。儘管法條中的「任何」一詞(在「任何導致空氣污染的介質」這段)含義的確模棱兩可，但最高法院推定，國會未授權行政機關將可能導致全球變暖的氣

政分支發佈了適用於汽車和輕型卡車排放的新標準。）

這起案件之所以值得注意，還有一個與行政法無關的原因。異議方四位大法官認為，最高法院無權裁決此案，因為起訴環保署的原告方沒有起訴權，它們無法證明自己因環保署拒絕出台規制措施的行為遭受任何實際損害。異議方據此判定，相關糾紛不屬憲法第三條規定的、符合管轄權要求的「案件」或「訟爭」。

提到這個爭議，我們又可以回到對最高法院和其他聯邦法院的管轄權障礙的討論。最高法院很多年來一直在解釋「案件」和「訟爭」的含義。最初，最高法院拒絕出具諮詢意見。法院要求，必須存在對立雙方當事人之間的實際糾紛，這個糾紛必須具備「可裁決性」，而不是基於某些事件假設出的情境。符合「案件和訟爭」要求的關鍵，在於原告方必須具備起訴權，這包括三個要素。首先，提起訴訟一方必須已受到實質損害，或即將遭到損害——並非假設的損害，而是必須有具體的損害內容——必須是個體的，而不是與作為整體的人群共同遭受的。（這個要求取消了多數形式的「納稅人起訴權」；當人們對某項政策不滿，或相信這個政策違憲時，無權單純憑藉「納稅人身份」提起訴訟。）第二，原告必須證明被告導致損

體排除在「污染物」之外。判決也充分說明，國會在關係到這類異常重要的政策性問題時，並不認可行政機關有自我決定的權限。

害是由於違法行為或不作為。第三，損害必須是法院切實能夠提供救濟的。這三個要求常被提煉濃縮為：「實際損害、因果關係和可救濟性。」

在「環保署案」中，最高法院多數方發現，多個原告中至少有一方，即馬薩諸塞州，符合上述三項要求。該州面臨着海平面上升造成沿海陸地消失的威脅（「實際損害」），機動車排氣對全球變暖的影響至少越來越成為其中的原因之一（「因果關係」）。環保署加強規制，減少排氣量，至少某種程度上可以緩解上述問題（「可救濟性」）。異議方則指出，馬薩諸塞州一個條件都不符合：損害之說完全是主觀臆斷；沒有充分依據證明環保署的不作為會導致損害；也不大可能由規制來補救。異議方總結說，這起訴訟根本不符合憲法第三條關於「案件」或「訟爭」的要求。

很明顯，像這樣的管轄權問題屬當代最高法院中有爭議的領域。從這起案件可以看出，關於司法管轄權的每項要求都可以有不同的解釋。這些有爭議的概念並非停滯不動。最高法院受理案件的標準時而放鬆、時而縮緊，標準的浮動往往反映了當時的大法官們審查其他政府分支行為的嚴格程度。司法管轄權問題看起來專業性很強，也很難把握規律，但它們卻是透視大法官在特定時間段如何看待最高法院職能的不可或缺的窗口。

最後要說的是：由於最高法院的判決是以少數服

從多數的形式作出的，因此，大法官們在表達自己的個人觀點時，僅以說服他人為限。這並不是說個人觀點就不重要了。在一個正反意見勢均力敵的最高法院內，一位大法官可以通過不投票給某一方，使其無法成為多數。但是，為了更積極地塑造法律，大法官需要盟友，通常得有四個人。而且，按照判決文書的格式要求，主筆者還必須陳述判決理由。一份最高法院判決，通常包括案情介紹、既往先例和法律依據，然後會列出判決理由，解釋為什麼通過此一而非彼一法律路徑能推導出正確解決方案。上述任何一個步驟——串接對應事實、描述相關法律、選擇最終裁判路徑——都可能成為某個案件中的爭議點，撰寫多數方意見的大法官必須在上述所有三個方面說服多數人，才能使意見代表「最高法院」。

第三章
大法官

　　成為一名最高法院大法官，並不需要滿足什麼正式資格條件。憲法要求擔任參議員者年滿30歲，出任總統者至少年滿35歲並且是「出生於本土的公民」，但對大法官的任職資格卻沒有設定類似規則。理論上講，任何人只要被總統提名，並得到參議院多數票確認，就可以成為最高法院大法官。然而，迄今所有進入最高法院的人都是法律人出身，雖然早年間的許多大法官都不是法學院畢業生，但按照慣例，他們都曾在法律專業人士的指導下「讀過法律」。(最後一位沒有受過正式法學教育的大法官是1941年進入最高法院的羅伯特·傑克遜，他在法學院僅待了一年，就成為紐約州執業律師。)

　　國會在第一部《司法法》中將最高法院成員人數設定為六人(一位首席大法官、五位聯席大法官)，隨後又五度調整過大法官人數：1807年，調整為七人；1837年，九人；1863年，十人(第十個席位一直空著)；1866年，再次調整為七人；1869年，確定為九人，並延續至今。席位數量的變化，既出自對最高

法院工作負擔的判斷，也與政治有很大關聯：國會在1866年減少了兩個席位，成功阻止了安德魯·約翰遜總統任命任何一位最高法院大法官；在尤利塞斯·格蘭特總統贏得大選之後又增加到九個席位，是想給新總統提供兩次任命大法官的機會。1937年，國會拒絕了富蘭克林·羅斯福增加大法官席位的提議，即每當有一名在職大法官年滿70歲，而且拒絕退休時，就可以新增加一名大法官，最多可以增加到15人。最高法院的人員規模不太可能再發生變化，不過，有些學者出於對大法官在位時間越來越長、退休年齡逐步增高的不安，最近提出了一個建議：增加一批新的大法官，讓最老的大法官轉任資深大法官，最高法院的具體工作轉交年紀較輕的九個人去處理。

起初，最高法院成員都是新教徒，不用多說，這些人當然都是白人男性。最高法院第一位羅馬天主教徒是1836年被任命的第五任首席大法官，羅傑·坦尼。瑟古德·馬歇爾1967年被任命前，最高法院的成員都是白人，1981年上任的桑德拉·戴·奧康納則是第一位女性大法官。自那以後，最高法院的成員結構慢慢地越來越反映出這個國家的多元性，雖然反映得並不全面。瑟古德·馬歇爾1991年退休後，他的席位由第二位非洲裔美國人克拉倫斯·托馬斯填補。1993年，露絲·巴德·金斯伯格進入最高法院，成為奧康納之後的又一位女性大法官。2010年10月4日，最

圖3 2010年10月1日，在最高法院任職或曾任職的四位女性在艾琳娜·卡根大法官的就職典禮上合影。從右至左，依次為卡根、露絲·巴德·金斯伯格、索尼婭·索托馬約爾大法官和退休大法官桑德拉·戴·奧康納

高法院新開庭期首次召集時，審判席上已有三位女性（金斯伯格、索尼婭・索托馬約爾和艾琳娜・卡根）；一名非洲裔美國人，托馬斯；一名拉美裔，索托馬約爾；六名天主教徒；三名猶太人。約翰・保羅・斯蒂文斯2010年退休時，是最高法院唯一一名新教徒。1916年，首位猶太人大法官路易斯・布蘭代斯被提名時，曾激起軒然大波，之後許多年間，最高法院只保留了一個「猶太人席位」。[1] 但是，到艾琳娜・卡根2010年加入最高法院、成為院內三位猶太人大法官(另外兩位是金斯伯格和布雷耶)之一時，被提名人的宗教背景通常已被視為無關緊要。

大法官的原籍問題也是如此。過去有許多年，總統們一直努力保持最高法院成員在地域上的平衡，認為最高法院應通過來自本國不同地區的成員，反映不同的利益和視角。但是，當卡根作為第四位紐約客(另外三人是斯卡利亞、金斯伯格和索托馬約爾)進入最高法院時，地域問題早就不是影響大法官提名的重要因素了。鄰近紐約的新澤西州還出了第五位大法官小薩繆爾・阿利托。

1　1916年1月28日，威爾遜總統提名路易斯・布蘭代斯出任最高法院大法官，在參議院拖了四個多月才獲批准，這也是持續時間最長的一次大法官確認程序。反對布蘭代斯出任大法官的人很多，但並非基於他的猶太人身份，而是排斥他的進步主義法律觀和政治改革觀。在此之後，最高法院內的猶太人大法官先後有菲利克斯・法蘭克福特、阿瑟・戈德堡、阿貝・福塔斯、露絲・巴德・金斯伯格、斯蒂芬・布雷耶、艾琳娜・卡根。

當代最高法院還有一個顯著特點：大法官們的職業背景不夠多元化。2006年，桑德拉·戴·奧康納退休，阿利托補缺後，最高法院全體成員在被任命為大法官前，都是上訴法院法官，這種情況在我國歷史上還是第一次。艾琳娜·卡根2010年被提名後，打破了這一局面。她擔任過聯邦首席政府律師，之前還做過哈佛法學院院長，是最高法院39年來（自1971年提名的威廉·倫奎斯特和小劉易斯·鮑威爾算起）首位沒有過法官經歷的成員。[2]

過去，很少有人能預測到最高法院成員會出現這種職業背景單一化的局面，那時候，大法官們都從行政分支和立法分支的高級官員中產生。以沃倫法院（1953–1969）的成員為例，其中有三人做過聯邦參議員（雨果·布萊克、哈羅德·伯頓和謝爾曼·明頓，只有明頓曾在下級法院任職），另有兩人擔任過聯邦司法部部長（羅伯特·傑克遜和湯姆·克拉克，兩人都未擔任過法官）。其他人都在地方、州或聯邦層級擔任過民選官員。首席大法官厄爾·沃倫當過三屆加利福尼亞州

2　首席政府律師（Solicitor General）：司法部的「第三把手」，配備5位副手和20位助理。聯邦行政分支的某一部門或機構在上訴法院敗訴後，會向司法部提出申請，希望將案件提交最高法院複審。首席政府律師的基本職責，是代表聯邦對這些案件進行審查，決定將哪些案件提交最高法院複審，如果相關案件被最高法院受理，首席政府律師將代表聯邦政府在最高法院出庭。由於這個職位十分重要，又被稱為「第十位大法官」。

州長，1948年代表共和黨競選過副總統。他之前也沒有過擔任法官的經歷。

對最高法院成員任前履歷要求的變化，在相當程度上取決於當代大法官任命和確認程序的政治關切。與以往相比，提名與確認程序更多地成為就最高法院的職能和大法官應秉持的憲法價值觀進行全國性辯論的場合。當然，圍繞最高法院的提名環節，一直存在政治衝突 —— 自喬治‧華盛頓以來的總統們都知曉這一點，富蘭克林‧羅斯福馴服「不聽話的」最高法院的努力則堪為例證。但是，最近幾十年間，政府內分歧擴大，國會黨爭日益嚴重，最高法院深度捲入引發分裂的社會議題之爭，再加上法院內部勢均力敵的意識形態對立，導致對任何一位大法官的提名都變得分外關鍵。再考慮到具有黨派偏見的人煽動全方位媒體炒作的能力，很容易理解的是，總統在填補最高法院空缺時，自然不希望遭遇任何意外，無論是在確認環節，還是被提名人未來在最高法院履任後。瞭解一個陌生的被提名人的最便捷、穩妥，儘管不是萬無一失的途徑，就是他的司法從業記錄，這些記錄可以顯示潛在候選人對具體法律議題的立場和裁判技藝。事實上，總統通過任命一位在任法官，可以實現雙重目的：既能選擇一個公認的靠得住的人，又可以化解關於提名受意識形態主導的聯想。

但是，如果總統擬通過任命最高法院大法官，推

進國會尚不認同的某項議程，那麼，無論被提名人的資格、履歷多麼優秀，都極有可能遭遇強烈阻擊，尤其是在最高法院內部的平衡容易打破的情況下。1987年，羅納德‧列根總統提名羅伯特‧博克法官引起的那場「大戰」，常被稱為導致當代「確認亂局」的事件。儘管或許只有程度之分，並無實質區別，但是，在媒體強烈的聚光燈下，對博克的提名之戰，最終淪為一場政治驚悚事件，留下一筆改變日後提名處理模式的慘痛教訓。

對博克的提名，具備釀成一場政壇紛爭的所有要素。之前那年11月，參議院改由民主黨掌控，列根行政分支失去了參議院的支持，在政治上處於弱勢地位，外交政策上又為「伊朗門」醜聞苦惱不已。博克法官做過多年法學教授，後來被行政分支作為最高法院大法官預備人選，放到聯邦上訴法院工作。他是一個直言不諱的保守派人士，時常公開撰文反對當代憲法的各種理念。博克被提名填補的席位，之前屬溫和保守派劉易斯‧鮑威爾，鮑威爾當時是「搖擺票」大法官，在不同立場勢均力敵的最高法院，起着重要的平衡作用；所以，如果博克成為大法官，意味着在最高法院內部，墮胎和平權措施問題的力量對比將發生變化，因為鮑威爾至少在一定程度上支持過墮胎和平權措施。

自由派團體和民主黨參議員中的大佬聯合起來打

算挫敗對博克的提名，宣稱博克是「非主流」人士。[3]在為期一週，並被電視全程直播的參議院司法委員會聽證會上，被提名人正中反對派的下懷：他竭力為自己「原旨主義者」的司法理念辯護，激烈批評最高法院利用憲法條文中不存在的隱私權，維護夫妻避孕權和女性墮胎權的做法。毫無疑問，對羅伯特·博克的提名以58票反對、42票贊成遭到的挫敗，阻止了最高法院迅速的保守化轉向。來自位於加州的聯邦上訴法院的溫和保守派人士，安東尼·肯尼迪法官，最終通

3　自由派與保守派：當代民主黨與共和黨之間，雖然共同擁有一些基本的意識形態和價值觀念，但也存在着許多分歧，尤其在面向變革方面，民主黨是相對支持變革的政黨，又稱左翼；共和黨相對反對變革，又稱右翼。進入20世紀後，民主黨漸漸被貼上自由派的標籤，共和黨則被貼上保守派的標籤。從政治觀點上看，自由派贊成墮胎、同性婚姻、平權措施、安樂死、移民政策，要求擴大聯邦政府權力、限制死刑、反對公民個人持槍、禁止政府支持宗教活動。保守派則堅決反對墮胎、同性婚姻、安樂死，支持死刑，贊成公民個人持槍，要求限制聯邦政府權力、減少對富人減稅、限制移民進入美國，積極推動宗教進入公立學校、政府機構等公共領域。不過，兩派觀點也並非絕對對立，保守派也存在中間偏左的立場，自由派也有中間偏右的觀點。一般來說，民主黨總統提名的大法官，司法立場上多傾向自由派，如最高法院現任大法官露絲·巴德·金斯伯格、斯蒂芬·布雷耶、索尼婭·索托馬約爾、艾琳娜·卡根；共和黨總統提名的大法官，司法立場上多傾向保守派，如現任首席大法官約翰·羅伯茨、大法官安東寧·斯卡利亞、克拉倫斯·托馬斯、塞繆爾·阿利托；還有的大法官雖然由共和黨總統提名，但立場飄忽不定，被稱為中間派，如現任大法官安東尼·肯尼迪，經常在自由派和保守派相持不下時，投出決定性的一票。關於美國當代社會的自由主義、保守主義和中間主義思潮，可參見楚樹龍、榮予：《美國政府和政治》（上冊），清華大學出版社2012年版，第73-167頁。

過確認，得到這一席位。他支持墮胎權，並且與博克截然相反的是，他也堅定支持憲法第一修正案確立的言論自由權。2001年9月11日發生的恐怖襲擊之後幾年，肯尼迪多次加入最高法院多數方，駁回布殊行政分支單方面對敵方戰鬥人員制定羈押政策的權力訴求。羅伯特‧博克作為局外人，強烈譴責了這些判決。

下述爭辯，已斷斷續續持續多年，即參議院是否應在最高法院被提名人的專業資質符合要求時，拋開參議員們的意識形態傾向，尊重總統的選擇。在理論層面，這樣的爭論仍在持續。而在實踐層面，對博克的「確認大戰」已經解決了這一問題。雖然博克法官的資質明顯合格，參議院還是堅持以意識形態為標準，評估他的專業資質；但是，在意識形態方面，博克的表現卻讓大多數參議員感到驚訝。司法委員會審查完博克的聽證會發言後，在近一百頁的報告結尾寫道：「由於博克法官對憲法與審判職責本身的狹隘視界，批准對他的確認，極可能對未來的國家需求不利，還會扭曲垂範久遠的憲法承諾。」

博克提名受挫後，他的支持者們警告總統，今後再不能提名一個在當下重大議題上留下太多「書面記錄」的人出任大法官。

但是，之後的事實證明，這樣的預測並不準確。例如，出任聯邦上訴法院法官前，露絲‧巴德‧金斯伯格曾是民權律師界的領軍人物，1970年代，她在最

高法院打過六場官司，在說服大法官將性別歧視視為憲法議題方面，起到了至關重要的作用。她的律師執業記錄亦即書面記錄，數量龐大。但她還是以96票贊成、3票反對的表決結果，輕鬆快速地通過了參議院的確認。與提名博克時的一點區別在於，白宮和參議院當時都在民主黨控制之下。另一點不同則是，在上訴法院工作12年間（羅伯特·博克也曾在同一家法院與她短暫共事），她已經證明自己是一位審慎、溫和的法官。此外，她當年倡導的理念，多數已被最高法院接納，所以她當然不可能被視為「非主流」人士。

儘管金斯伯格1993年在司法委員會接受聽證時，政治上佔據優勢，她還是開創了一項先例，並改變了之後的確認聽證會模式：她只在最低限度內與參議員們談及自己的司法立場。她拒絕回答任何抽象問題，又以不應就可能訴至最高法院的議題表態為由，迴避了許多具體問題，而且在此過程中，她沒有否認自己已公開表態過的立場。之後的被提名人，大都採取這一策略迴避問題，導致如今的確認聽證會成為沒什麼看頭的例行公事。（金斯伯格在上訴法院的同事，安東寧·斯卡利亞，在1986年的最高法院確認聽證會上採取了一種更極端的方式：「什麼也不說」策略。他告訴參議員們：「我想我不宜回答任何與最高法院具體判決有關的問題，哪怕是『馬伯里訴麥迪遜案』那樣的關鍵判例。」博克的聽證會之後，人們希望被提名

人至少能對最高法院歷史上的重要先例保持尊重。)

2005年被提名出任首席大法官的約翰·羅伯茨，也留下過不少書面記錄，他年輕時在列根治下的司法部和白宮從事法務工作期間，撰寫過不少備忘錄和分析報告。這些書面記錄中，有些內容對民權訴求不屑一顧，還有一些流露出明顯的保守派立場。但是，羅伯茨——他也與博克、金斯伯格在同一所上訴法院共事過——在確認聽證會上也打定主意迴避關於本人立場的提問。羅伯茨在開場陳述中說，與政策制定者不同的是，法官應受先例約束，並對自己的角色保持「適度謙卑」。他告訴參議員們：「法官就像裁判。裁判不會制定規則，但要適用規則。」並非所有參議員都打消了疑慮，但效果已經足夠。參議院最終以78票贊成、22票反對，通過了對第十七任首席大法官的確認，反對票全部來自44名民主黨參議員，即其中的一半人投了反對票。[4]

儘管總統和參議員們高度重視最高法院的提名環節，被提名人上任後的表現，還是時常出人意料。政治學家把這種現象稱做「意識形態轉向」，認為這樣的情況很常見——甚或已成定律，而不止是例外，有些大法官不止一次地發生意識形態轉向。近幾十年來最典型的例子是哈里·布萊克門，他1970年被理查德·尼克松總統任命為大法官時，被視為一個可靠的

---

4 這些參議員中，也包括時任伊利諾伊州參議員巴拉克·奧巴馬。

保守派人士；各方面跡象顯示，他在意識形態上也與童年好友，剛剛被任命為首席大法官的沃倫·伯格高度一致。但是，光陰似箭，等到布萊克門24年後退休時，他已是最高法院最具自由傾向的大法官——可以肯定的是，當時的最高法院已比他剛加入時保守多了，但是，他在幾乎所有重大議題上都「向左轉」的變化，還是很讓人震驚。[5] 約翰·保羅·斯蒂文斯，被提名時也是共和黨人，他在長達34年的任期中，也變得更趨自由化。同樣由共和黨總統任命的桑德拉·戴·奧康納和戴維·蘇特也發生了同樣的轉變，但程度略輕。在最高法院變得更趨保守的大法官數量要少得多。這或許是因為1967年到1993年間，沒有民主黨總統提名過大法官，可能「向右轉」的大法官自然不多。近些年最明顯的大概要算約翰·肯尼迪總統1962年任命的拜倫·懷特。

如何解釋這些心智成熟、職業經歷豐富的人觀念上發生的這種實質性轉變？（布萊克門進入最高法院時，已經61歲，而且已在聯邦上訴法院擔任了11年法官。）羅伯特·傑克遜擔任富蘭克林·羅斯福麾下的司法部長時，曾認真觀察過最高法院的人事變化。1941年，他在自己被任命為大法官前出版的《為司法至上

---

5 關於哈里·布萊克門大法官在最高法院的心路歷程，以及他與沃倫·伯格之間的恩怨，可參見本書作者為布萊克門大法官撰寫的傳記，即[美]琳達·格林豪斯：《大法官是這樣煉成的：哈里·布萊克門的最高法院之旅》，何帆譯，中國法制出版社2012年版。

而鬥爭》一書中，就此問題發表了看法。在書中，他問道：「為什麼最高法院對被任命者的影響，要遠大於被任命者對最高法院的影響？」事實上，傑克遜本人的立場也是在最高法院發生轉變的。過去，他是總統權力的堅定擁躉，後來卻對這項權力的運用漸生懷疑，在1952年的一起案件(即「楊斯頓鋼鐵公司訴索耶案」)中，他發佈的一份意見設定了限制總統權力的框架，至今仍被廣泛引用。[6]

回到傑克遜之前提出的問題。在最高法院獨一無二、大權在握的體驗，會帶來新的視角，動搖固有成見——顯然並非所有人都是如此，只是部分人。有人研究了1969年至2006年間，共和黨總統任命的12位大法官，發現被任命者之前在聯邦行政分支的工作經歷，與他們出任大法官後意識形態的穩定程度有強烈

6　「楊斯頓鋼鐵公司訴索耶案」：1952年4月8日，杜魯門命令商務部長查爾斯·索耶接管全國87家主要鋼鐵公司。6月2日，聯邦最高法院以6票對3票宣佈，杜魯門總統無權接管鋼鐵公司的資產，哪怕工人罷工會對朝鮮戰場的戰事不利。雨果·布萊克大法官主筆的判決意見指出，總統發佈命令，必須根據聯邦憲法或國會制定的法律，而國會制定的法律中，並沒有任何一條授權總統可以侵佔民間私有財產，更沒有授權他以武力方式，解決勞資糾紛。對於總統是三軍統帥，可以動用戰時權力的說法，布萊克同樣不以為然。他說，朝鮮戰爭只是局部戰爭，國家並沒有進入全面戰爭狀態。就算總統貴為三軍統帥，也不能用武力解決民間的勞資糾紛，更不能用刺刀強迫工人繼續從事鋼鐵生產。即使非如此不可，也必須經過國會授權。總之，既然總統無權立法，所作所為又無法律依據，接管行為自然違憲。羅伯特·傑克遜大法官在本案中發佈的是協同意見。

關聯。這12個人中，一半人加入最高法院前，曾在行政分支實際任職，另一半人則沒有類似經歷。只有那些沒有行政分支任職經歷的人，才出現了「向左轉」的情況。另一位學者回顧了厄爾‧沃倫1953年上任以來的歷史，並指出，被提名者獲得任命時的居住地點，是識別他們在公民自由問題上「投票態度變化」與否的關鍵因素。被提名時就居住在華盛頓特區的人，立場一般不會發生轉變。而那些來自特區外環線以外的人，立場會更趨自由化。當然，在聯邦行政分支工作過的人，絕大部分就居住在華盛頓城內，雖然兩者並不完全重合。也許是人到中年後，遷移到新城市帶來的新的挑戰性經歷，才使新大法官更能接受新的觀念。

憲法規定，聯邦法官與總統、副總統和「聯邦全體文職官員」一樣，將因「犯下重罪或品行不端」遭到彈劾。儘管已有十餘位聯邦下級法院法官遭眾議院彈劾，並被參議院定罪，而且在刑事定罪後被免職，國會還從來沒有解除過一位最高法院大法官的職務。1804年，眾議院曾以發表煽動性言論為由，投票彈劾塞繆爾‧蔡斯大法官。蔡斯是前總統約翰‧亞當斯的熱情支持者，他發表的言論，尤其是他在擔任巡迴法官期間提交的一份批評傑弗遜總統的大陪審團指控，激怒了新上台的傑弗遜共和黨人。然而，蔡斯的行為並不構成犯罪，參議院最終也判定他無罪。他在最高

圖4　威廉‧道格拉斯，攝於1939年3月20日，當天他被富蘭克林‧羅斯福總統提名為最高法院大法官候選人。道格拉斯時年50歲，是最年輕的被提名者，他在最高法院的任職年限也最長，1975年才宣佈退休。

法院又工作了七年。這起事件確立的原則是，不認同一位法官的司法行為，並不是正當的彈劾理由。

儘管如此，1960年代，仍有許多人呼籲彈劾厄爾‧沃倫首席大法官，1970年代，眾議院共和黨領袖傑拉爾德‧福特發起努力，試圖彈劾直言無忌的自由派大法官威廉‧道格拉斯。福特彈劾道格拉斯的努力，得到尼克松行政分支的支持，內容主要指向這位大法官在審判業務之外的行為，如多次婚姻、出版著作、為雜誌撰稿和為私人基金擔任董事。當被要求解釋這些行為為什麼屬應當被彈劾的過錯時，福特回答說：「只要眾議院多數成員在特定歷史時刻認為相關行為屬可以被彈劾的過錯，就可以提起彈劾。」眾議院司法委員會詳盡調查了道格拉斯受到指責的行為，但拒絕建議發起彈劾，彈劾努力最終無疾而終。道格拉斯於1975年退休，他在任時間共計36年，是最高法院歷史上任期最長的大法官。造化弄人，就在一年前，理查德‧尼克松因面臨彈劾而辭職，傑拉爾德‧福特成為總統。

最後，想說一下新近出現的一項爭論，涉及最高法院大法官終身任職制的利弊。這場爭論主要局限在法學學術界，範圍也許不會進一步擴大，但頗能說明人口統計學趨勢和人們對這一問題的看法。制憲辯論時，法官終身任職制並非一開始就得以確立。托馬斯‧傑弗遜就反對這麼規定，認為法官應當以四到六

年為一個任期，可以連任。但制憲者們最終決定，為維護司法獨立，法官只要「品行端正」，就可以終身任職，工資也永遠不得減少。

然而，時至今日，左右兩翼對這項制度都有批判之聲；也有學者發出批評，他們聲稱：當高齡大法官為了顯示政治忠誠度，竭力推遲退休時間；當總統為了讓自己的政治遺產綿延久遠，物色的提名對象越來越年輕時，終身任職制對最高法院的正常運轉和國家的政治生活，都產生了不當影響。不用說，現在的大法官活得越來越久，在任時間也越來越長。1789年到1970年間，大法官平均任期為15年。1970年到2005年，平均任期躥升到26年多。從1994年到2005年，最高法院有11年沒有出現一個席位空缺，這也是自1820年代以來，沒有發生人事更替時間最長的一段時期。

改變終身任職制的直接方式，就是修改憲法；就算並非全無可能，修憲也將是一項非常艱巨的任務。所以，許多呼籲變革者提出了一套法律方案，希望借此實現同樣的效果：繼續任命終身任職的大法官，但規定有效任期為18年。18年後，大法官將轉入半退休狀態，類似聯邦下級法院的操作模式。[7] 半退休狀態者

7　根據聯邦法律，滿足退休條件的聯邦法官（年滿70歲，擔任聯邦法官滿10年者；或年滿65歲，擔任聯邦法官滿15年者）可以直接退休，也可以申請轉任資深法官。資深法官相當於一個「半退休」性質的過渡崗位。轉任資深法官後，原來的席位會空缺出來，不再佔據法官編制，總統可以任命新法官補缺。資深法官享受一定優待。聯邦法官退

可以在只有八位大法官審案且支持和反對票數相同時打破僵局，也可以承擔其他司法工作。九位現任大法官一旦空出一個席位，可以由新的被任命者補缺。在這樣的制度下，每兩年就可以有一名新大法官得到任命。換句話說，每位總統可以任命兩名大法官，這樣就可以規範現在席位出現空缺時才能任命的不規則情形。沒有一位總統會再有吉米·卡特那樣的遭遇，在他的任期內，最高法院一個席位都沒有空出來。

終身任職制的批評者指出，所有其他借鑒司法獨立等美國模式的憲政民主制國家，最高法院法官都沒有實行終身任職制。例如，加拿大、澳大利亞、以色列和印度，都設定了固定的年齡限制，而德國、法國、南非的憲法法院法官也有固定任期。50個州當中，只有羅得島州最高法院法官沒有任期限制。對終身任職制的批評，也許一直都不會被公眾關注到。但是，它提出了司法獨立究竟得靠什麼保障這一發人深省的問題：是僅僅靠紙面上的規定，還是靠人民對法院寄予厚望、法院又以公允裁判維繫這種信任的國家文化？

休後，可以領取與最後工作年度年薪相同的退休金。而資深法官可以繼續享受之前的薪酬，不因辦案量降低而減少。如果中間遇到加薪，薪酬與退休金也會相應增加。資深法官可以視體力、精力，審理適量案件(約為過去的50%)，法院會根據工作量，為資深法官配備專門的辦公室、助理和秘書。

第四章
首席大法官

憲法第三條，規定了與司法分支相關的內容，卻隻字未提首席大法官一職。顯然，制憲先賢準備設置這一職位，不過這個意圖只能從憲法文本本身推導出來——憲法第一條明確要求由首席大法官主持參議院對總統的彈劾審判。有人事後曾問威廉·倫奎斯特首席大法官如何看待自己1999年在對比爾·克林頓總統的彈劾審判中的作用，他笑着回答：「我其實無所作為，但我表現不錯。」

無論制憲先賢當初如何設想，如今已沒有人再認為首席大法官無所作為。兩百年來，伴隨法律發展與傳統積澱，這一職位要履行的職責也日漸龐雜。根據2006年一項研究的總結，國會陸續在81條單獨的法律條款中賦予首席大法官特定職責或權力。這些職責涵蓋的範圍甚廣，從指導國會圖書館購買法律書籍，到任命11位法官組成特別法庭來批准政府搜集海外情報和開展竊聽。[1] 根據法律，首席大法官是國家藝術館和

1　首席大法官可以確定11名地區法院法官，組成外國情報監控法庭（Foreign Intelligence Surveillance Court），決定是否批准政府基於國家安全目的提出的竊聽申請。

史密森學會的董事會成員；[2] 負責主持制定聯邦司法政策的美國司法聯席會議；負責判定其他大法官是否符合提前退休條件，簽署「失權證明」。

首席大法官行使的唯一一項最重要的權力，還是投出決定某起最高法院案件的判決結果的九票中的一票。對第六位首席大法官薩蒙·蔡斯來說，這才是真正要緊的唯一職責。1868年，蔡斯在一封信裏寫道：「人們對首席大法官的權力有極大的誤解，在最高法院，他只是八名法官之一，每個人都享有同等權力。[3] 他的判斷分量並不更重，他的投票也不會比其他弟兄更重要。他主持庭審，還有一些額外的工作會丟給他做。僅此而已。」[4]

即使首席大法官在審判席上僅是平等者之首，要想在21世紀認識這一職位，還是需要對它的權力有更

2　史密森學會(Smithsonian Institution)：美國一系列博物館和研究機構的集合組織。該組織囊括19座博物館、9座研究中心、美術館和國家動物園以及1.365億件藝術品和標本。也是美國唯一一所由美國政府資助、半官方性質的博物館機構，同時也擁有世界最大的博物館系統和研究聯合體。該機構大多數設施位於華盛頓特區，此外還有部分設施散佈在從紐約到弗吉尼亞州，甚至巴拿馬的廣闊區域。該機構的諸多博物館除聖誕節外，全年對公眾免費開放。學會董事會由美國最高法院首席大法官、副總統、3名參議員、3名眾議員和6名非官方人士組成。

3　當時，最高法院只有八位大法官。

4　美國聯邦最高法院的男性大法官之間彼此以弟兄(brethren)相稱。《華盛頓郵報》記者鮑勃·伍德沃德·斯科特·阿姆斯特朗1979年合著的揭示最高法院內幕的著作，即以The Brethren為書名。

全面的理解。把今天的首席大法官視為首席執行官將更為確切，他既是最高法院的首席主管者，也是整個聯邦司法分支的首席主管者。[5] 通往聯邦法院職位的傳統職業發展路徑，所能為這一全能型職位提供的歷練少之又少。上個世紀裏，為出任這一崗位準備最為充分者，無疑是第十任首席大法官威廉·霍華德·塔夫脫，他做過美國第二十七任總統。塔夫脫於1921年至1930年間在任，意料之中地，他也是工作最卓有成效的首席大法官之一。

出任首席大法官之前，在最高法院的任職經歷也是有效的歷練，儘管這樣的情況並不常見。17位首席大法官中，只有4位之前擔任過聯席大法官。其中3人——倫奎斯特、愛德華·道格拉斯·懷特和哈倫·菲斯克·斯通——是在最高法院任內晉升的。（約翰·拉特利奇未被算在這一名單內，喬治·華盛頓提名他出任首席大法官未果，他本人雖通過確認，成為聯席大法官，但從未履任。）第四位做過聯席大法官的則是查爾斯·埃文斯·休斯。1916年，他為競選總統，辭去大法官職務。14年後，塔夫脫首席大法官逝

5　現任首席大法官約翰·羅伯茨目前的年薪為223 500美元，比其他年薪為213 900美元的同僚要多出近10 000美元。這一數字差異，説明因首席大法官承擔了部分專屬他的司法職責，國會認為其工作的價值要高於另外八位地位平等的最高法院成員。如果薪酬可以量化的話，九位大法官在96%的工作上是相同的，首席僅額外比其他同僚多承擔4%的工作。

世，赫伯特・胡佛選擇休斯接任首席大法官一職。

即使進入最高法院前已經過確認，被提名為首席大法官的人，仍需再接受一次單獨的參議院確認，並獲得新的委任狀。作為確認政治的一部分，這項要求也許是為了制約總統直接提拔在任大法官。如威廉・倫奎斯特1986年被列根總統提名晉升時的情形那樣，確認程序很容易變成對提名對象在最高法院工作表現的投票表決，以及對最高法院整體發展方向的表決。

我們今天使用的頭銜是「美國首席大法官」，這一稱呼最開始並不明確。無論是首部《司法法》，還是憲法本身，都沒有比「首席大法官」這一稱謂更詳盡的表達。後來人們開始使用「美國最高法院首席大法官」這一繁冗稱謂。1860年代，國會開始使用現在的稱謂，梅爾維爾・富勒1888年被委任為首席大法官的委任狀上就出現了這一稱謂。

很大程度上，是傳統，而非法律，指導着首席大法官履行純粹司法方面的職能。他主持「內部會議」（the Conference），這是最高法院對大法官全體會議的專門稱呼。[6] 如果他在某起案件的投票中位於多數方，則享有指定自己或多數方任何一位大法官撰寫判決意

6　「會議」這個詞在美國最高法院有兩重含義。首個字母小寫時（conference），代表的是一般會議。首個字母大寫時（Conference），代表九位大法官全體出席的會議。如果一份備忘錄是一位大法官轉給其他八位大法官的，抬頭會寫上「致全體會議」（To the Conference）字樣。

圖5　威廉‧霍華德‧塔夫脫首席大法官，攝於1921年他剛履任時。他是唯一一位既當過總統，又做過最高法院大法官的人

見的權力。如果首席大法官位於異議方，則由多數方最資深的大法官負責指定。

最高法院的慣例是，各位大法官在同一開庭期內負責撰寫的多數方意見數量大體相同。不過，意見撰寫的指派，通常包含大量權衡和策略，並不是單純按名單輪流指定。這是因為，五位大法官組成多數方推翻或維持下級法院的判決，並不意味着這五個人立場一致，或對判決結果或推導方法的認同程度一致。所以，在投票結果比較接近、多數方的立場可能不太牢固的案件中，相當常見的是，負責指派的大法官——無論他是首席大法官還是聯席大法官——會把撰寫多數方意見的任務，分派給多數方中立場最不堅定的大法官。分派者希望這位立場搖擺的大法官，能夠通過闡釋多數方的判決理由來說服自己，進而避免出現最糟糕的結果，即某位大法官被異議方更有說服力的意見所吸引，轉投另一方陣營。

儘管如此，上述情況還是偶爾發生。例如，1991年開庭期，就一位神職人員在公立高中畢業典禮上的祈禱行為是否違反憲法關於政教分離的規定，最高法院正反雙方的投票結果就十分接近。此前一家聯邦上訴法院已判定這種做法違憲，最高法院受理了學區的上訴。庭審之後，大法官們在這起名為「林奇訴唐納利案」（*Lynch v. Donnelly*）的案件的投票中，以5票對4票決定推翻下級法院判決，宣佈神職人員引領下的祈

禱儀式合乎憲法規定。[7] 倫奎斯特首席大法官指派安東尼‧肯尼迪大法官撰寫多數方意見。在撰寫判決意見的那幾個月中，肯尼迪發現自己站錯了隊——這一結論意味着這起案件的結果將徹底扭轉。肯尼迪把自己的想法通知了首席大法官和異議方最資深的聯席大法官哈里‧布萊克門。「推翻高中畢業典禮祈禱案的判決意見寫完後，思路看起來完全不對。」他在給布萊克門的信中寫道，同時補充説，自己已經重寫了意見初稿，維持下級法院關於祈禱行為違憲的判決。這下，輪到布萊克門指派判決意見主筆者了，布萊克門還是選了肯尼迪。於是，肯尼迪繼續撰寫判決意見，為爭取布萊克門和前異議方其他成員的認同，他對內容作了一些調整。幾個月後，1992年6月，最高法院發佈了5票對4票達成的判決，判定神職人員在公立學校畢業典禮上引領的祈禱儀式違憲。之後12年間，外界並不知道最高法院內發生的這一戲劇性內幕，直到布萊克門捐贈給國會圖書館的文檔對外公開。

判決意見主筆者的指派權是首席大法官的一項重要權力資源。同一種結果，判決意見的範圍可寬可窄。首席大法官如果想把某種具體學説推向特定方

7　請讀者注意，作者這裏援引的案名有誤，「林奇訴唐納利案」應為1984年發生的一起關於「政教分離」問題的案件。根據作者對案情和判決結果的描述，她提到的這起案件應該是1992年宣判的「李訴威斯曼案」。

向，或者不想讓某種見解上升到特定高度，那麼，利用他對自己同事裁判風格和偏好的瞭解，足以讓這項權力充分發揮作用。當然，首席大法官最終與其他大法官一樣，手中只握有一票。

除了在四位法官助理協助下處理法院的審判事務，首席大法官也負責管理擁有400名員工的最高法院大樓的運轉。最高法院配備了專門警力。還有工作人員負責複雜的文件流轉。每週大約有150件新的申訴提交上來，已列入庭審安排的案件也會有穩定數量的訴狀提交。這些文件都需要逐項審查，確保其符合訴訟規則的要求。訴狀是否在規定時限內提交，是否在規定篇幅內？封皮是否選對了顏色？[訴狀的類別決定着封皮顏色，只需要瞥一眼封皮，就能辨明訴狀類型：新案件提交的訴狀(白色)；贊成維持下級法院判決一方提交的訴狀(紅色)；「法庭之友」提交的訴狀(深綠色或淡綠色，取決於這位「朋友」支持哪一方)。]這些文件每週整理建檔後，就會被放進九輛小推車，送往各位大法官的辦公室。最高法院書記官[書記官(Clerk)是最高法院的高級管理人員，不要與法官助理(Law Clerk)搞混了]管理這一環節的工作，執法官(Marshal)則負責安保工作。首席大法官同時會配備一名行政助理，作為首席與司法分支內各機構的聯絡人，承擔最高法院內外的重要職責。

聯邦法院行政辦公室就是上述機構之一。就像它

的名稱表明的，「行政辦公室」是聯邦司法管理的中樞機構。首席大法官選任行政辦公室主任，後者上任後仍要對首席負責。聯邦司法系統擁有1200名終身任職的法官、850名其他類別的法官、30 000名僱員，以及近60億美元的預算，本身就是一個錯綜複雜的官僚機構，完全處於首席大法官的監督與管理之下。

首席大法官同時是美國司法聯席會議主席，這個組織由13個聯邦巡迴上訴法院的首席法官、各巡迴區內一位富有經驗的地區法院法官，以及聯邦國際貿易法院的首席法官組成。司法聯席會議每年在最高法院召開兩次，其前身是巡迴法院資深法官會議，是塔夫脫首席大法官說服國會授權成立的。成立聯席會議的最初目的，是「就改進聯邦法院司法工作相關事宜」為首席大法官提供建議。

時至今日，司法聯席會議的職能已大為拓展。它的主要職責是由一些委員會來完成的，這些委員會負責制定與聯邦法院管轄範圍和訴訟程序中的重要因素相關的管理規則。司法聯席會議下轄22個委員會，共有約250名成員，這些法律工作者、法官都以能受到首席大法官邀請，為司法聯席會議服務為榮。司法聯席會議本身時常為爭取更多法官員額或為法官增加薪酬等事宜與國會溝通。它也會評價那些將對司法工作產生潛在影響的即將出台的立法。在這項職能上，司法委員會和首席大法官的功能與遊說集團的成員頗為類

似，即盡可能促成或阻止特定政策出台。

例如，1991年，司法聯席會議抵制一項法案，該法案允許性暴力犯罪受害者在聯邦法院起訴侵害人並索取賠償。首席大法官本人在1991年的年度司法報告中，批評這部法案創造了一項「過於寬泛的私人訴訟權利，立法將使聯邦法院陷入大量家庭糾紛之中」。三年後，經過修訂，這部法案以《防治對婦女施暴法》之名正式發佈實施。2000年，首席大法官代表最高法院主筆的多數方意見判定這部法律設定的新索償措施無效，因為國會沒有發佈該法的憲法權力。

「聯邦司法系統」年度報告是沃倫·伯格首席大法官開創的。1970年，他履任第二年就開始發佈這項報告，之後經常會在1月的美國律師協會大會上以演講形式發佈。報告出爐時間與總統發佈國情咨文的時間大致相同。伯格的繼任者威廉·倫奎斯特不再出面宣讀，改為每年新年前夜發佈書面報告，約翰·羅伯茨首席大法官沿襲了這一做法。[8]

首席大法官承擔的絕大部分職責都是公眾看不到的，但近年這項發佈年度司法報告的傳統，強調了首席大法官作為政府第三分支公共代言人的象徵角色。是首席大法官作為東道主接待來訪的各國憲法法院法

8　約翰·羅伯茨歷年提交的聯邦司法年度報告都有中譯本，2006年至2009年度的報告已由本書譯者譯出，參見何帆：《大法官說了算：美國司法觀察筆記》，法律出版社2010年版，第291–306頁。

圖6 厄爾·沃倫是位活躍的政治家，1953年出任首席大法官之前，從來
沒有過法官經歷。這張海報是他早期在加州成功的選舉生涯中使用的。
他後來三度出任加州州長

官；是首席大法官站在每四年一次的總統就職典禮的中心，主持總統就職宣誓儀式。2005年1月，倫奎斯特首席大法官因患甲狀腺癌而病重，已有三個月沒出現在公眾視野中，但他還是從病床暫時爬起，堅持履行職責，主持了小布殊總統的第二任期就職典禮。這也是倫奎斯特最後一次在最高法院外公開露面。他在六個月後逝世，時年80歲，這也是他出任大法官的第33個年頭。

人們習慣以時任首席大法官的名字命名某一歷史時期的最高法院，但是，17位首席大法官，並非每個人在公眾心目中都留下了同等印記。文森法院(首席大法官弗雷德·文森，1946–1953)沒能給人們留下什麼印象，而緊隨其後的沃倫法院(1953–1969)卻讓公眾印象深刻。儘管小威廉·布倫南大法官才是沃倫法院一系列里程碑判決的幕後設計師，但首席大法官沃倫的名字卻與那個時代緊密相連，在那一時期，自由派大法官組成的多數方驅動憲法，使之成為社會變革的工具。

「除了履行的職責本身，在任者的影響力取決於他對這些職責的運用以及履責的方式。」一位研究最高法院的學者二三十年前指出，「最終起決定作用的是人的因素，是無形的東西，是個性特徵 —— 這個位居核心地位的人散發出來的道德力量。」

做過總統的威廉·霍華德·塔夫脫留下的遺產，之所以比近代任何一位首席大法官都更加不可磨滅，

是因為它不僅包括已決先例和那座大理石建築（最高法院大樓），還包括最高法院控制自己案件量的權力。在塔夫脫首席大法官的努力下，國會在1925年《司法法》中賦予最高法院更寬泛的自主選案權。（這部法律俗稱《法官法案》，反映了大法官們在其起草過程中起到很大的作用。）大法官們從此不必再被迫審理所有通過正當途徑提交過來的上訴。這部法律對最高法院起到了脫胎換骨的影響。該法生效幾個月後，塔夫脫首席大法官在一篇文章裏闡述了允許大法官自主選案的重大意義：「設置最高法院的目的，不是為糾正特定訴訟中的某個錯誤，而是要考慮那些判決結果涉及如下原則的案件，這些原則的應用事關廣泛的公共利益或政府利益，並且應當由終審法院來宣佈。」他隨後列舉了最高法院應當關注的案件類型：「涉及聯邦和州的法律是否符合聯邦憲法的問題；涉及個人憲法權利的實體性問題；可能影響到廣大民眾利益的聯邦法律的解釋問題；聯邦司法管轄權問題；適用範圍廣泛，以至於需要最高法院來釋疑的法律中不時存在的疑難問題。」

換句話說，最高法院不再是那些敗訴當事人提交上來的任何法律爭議的被動接受者。它也不再僅僅是司法系統中的最高上訴法院。大法官們將會決定哪些案件 —— 哪些問題 —— 重要到足夠吸引他們的注意力，進而吸引整個國家的注意力。新的《司法法》提

醒那些試圖通過申請「調卷複審令狀」(最高法院受理某起案件的指令的專業用語)將官司送到最高法院的人們:「審查調卷複審申請與權利無關,法官對之有充分的司法裁量權,只有具備特別而重要的理由才可能被批准受理。」最高法院從此成為自己命運的主導者,不僅如此,它還設定着這個國家的法律議程。

第五章
最高法院如何運轉(二)

除了為最高法院爭得自主選案權，塔夫脫首席大法官還留下一座大理石辦公大樓：1935年，塔夫脫去世五年後，也即最高法院首度召集145年後，大法官們搬進了這棟大樓。對最高法院來說，擁有一棟專屬自身的辦公樓，在象徵意義和實用價值層面，兼具重要意義：既昭示着它統領政府三大平等分支之一的地位，還為大法官們提供了辦公室——在此之前，他們只能在家裏辦公。

直到去世前，塔夫脫首席大法官作為國會授權成立的最高法院大樓項目委員會主席，一直積極投身於相關工作。他提議將地址選在與國會大廈東側一街之隔，鄰近國會圖書館的一塊區域。他選定著名建築師卡斯·吉爾伯特出任大樓的總設計師，後者設計過許多重要的公共建築，如聯邦海關大樓、紐約市聯邦法院大樓。吉爾伯特設計的同樣位於紐約市的66層的吳華茲大樓，自1913年落成之後近20年間，一直是世界上最高的建築。

首席大法官要求吉爾伯特設計出「一座高貴和顯

圖7　1932年10月13日，最高法院大樓奠基儀式。儀式由查爾斯·埃文斯·休斯大法官主持。負責修建這座大樓的塔夫脱首席大法官和設計師卡斯·吉爾伯特，此時都已逝世

圖8 自上而下俯瞰最高法院法庭，可以看到弧形的審判席。青銅欄杆前的座位是為最高法院出庭律師協會成員預備的

要的大樓」，設計師依循了這一指示。大樓整體頗似一座古科林斯風格的希臘神廟，西面正門前有16根大理石立柱。三角牆上有一組雕像，象徵着「自由至上，受秩序和權威守護」。直到2010年，來最高法院參觀的人們仍可以穿過正面廣場，拾階而上，從刻有「法律之下人人平等」的柱頂楣梁下走進這座大樓。儘管一些大法官以沒有必要和兆頭不好為由提出反對，約翰·羅伯茨首席大法官後來還是基於安保考慮，關閉了正門通道。訪客現在只能從台階下一個新設的安檢區域進入最高法院。

最高法院大法庭的內部空間宏偉壯觀，又出人意料地給人親密之感，它長91英尺、寬82英尺，位於一層主通道的盡頭，這條通道又被稱為「大廳」。令人驚訝的是，律師發言席距離大法官們略高一些的審判席非常近。已適應最高法院庭審氣氛的律師有時會說，如果庭審比較順利，看起來就像律師在與大法官們聊天。除了預留給最高法院出庭律師協會成員的席位，法庭還安排了300個旁聽席位，供公眾按「先來後到」的順序參與旁聽。最高法院門前的旁聽者一般會排兩隊，一隊是只打算觀摩幾分鐘的遊客，一隊是希望全程旁聽完一小時庭審的人。

最高法院的公開庭審環節，只是案件裁決過程中的冰山一角。一年當中，大法官們只用約40天時間聽審。從10月到次年4月，他們每個月會選取兩週連續開

庭（週一、週二和週三，通常只在上午開庭）。除非最高法院另有指示，辯論時間一般為一小時，雙方各有30分鐘發言時間。照此日程表，大法官們每個開庭期會審理大約80起案件。

有經驗的出庭律師都知道，他們的發言時常會被打斷。大法官們在一次庭審中問上數十個問題，是很常見的事。《最高法院訴訟規則》涉及庭審的內容也提醒律師們：「言詞辯論應根據是非曲直強調和釐清書面訴狀中的訴訟要點。出庭律師應假定全體大法官已在言詞辯論前讀過訴狀。不提倡在言詞辯論中宣讀事先擬好的文稿。」成功的最高法院出庭律師不僅能夠隨機應變，他們還深入思考過自己的案子在更廣闊的法律空間內的方位，清楚知曉大法官想要從庭審辯論中得到的是一種確信，即支持任何一方的判決究竟會產生何種更深遠的影響。例如，判決對下一起案件可能產生什麼意義，對再以後的案件呢？在大法官們自己看來，他們所從事的工作，其重要性遠遠大於解決對立雙方當事人之間的爭議。為了檢驗律師的觀點能否推而廣之，大法官們經常虛設多種情境，拋出許多錯綜複雜的假設性問題——這時候如果回答「大法官閣下，這與本案無關」，顯然是不會被法庭接受的。

對大法官們來說，許多屢次在最高法院出庭的律師已是熟面孔，每個開庭期都會亮相幾次，年年如此。其中尤為顯眼的是首席政府律師辦公室成員，他

們隸屬於司法部，代表聯邦政府在最高法院出庭。按照法律規定，首席政府律師必須「精通法律」，他們由總統提名，經參議院確認。除了首席政府律師的副手，這個辦公室內還有另外24名律師，這些人都是文職僱員，往往會在多位總統的行政分支內連續任職。他們當中，許多人曾在最高法院做過法官助理，正式離開首席政府律師辦公室，他們或會加入律所，從事與最高法院相關的訴訟業務，或會開創自己的訴訟事業。羅伯茨首席大法官就是依循上述發展路徑，並取得耀眼成就者之一。[1]

言詞辯論是最高法院對外公開的環節，但實質工作大部分發生在幕後。首先是選案程序。近幾個開庭期，最高法院收到了大約8000件複審申請。這些申請被稱為調卷複審令狀申請(petitions for a writ of certiorari)，「certiorari」是一個拉丁詞語，原意是「得瞭解」或「弄清楚」。在更隨意和更常見的情況下，

1　現任首席大法官約翰・羅伯茨1955年出生於紐約州布法羅市。他以優異成績讀完哈佛本科後，於1979年考入哈佛法學院，擔任過《哈佛法律評論》執行編輯。1979年至1980年間擔任聯邦第二巡迴上訴法院法官亨利・弗蘭德利的法官助理，1980年出任時任最高法院聯席大法官威廉・倫奎斯特的法官助理。後先後任職於列根行政分支的司法部(1981–1982)、白宮法律顧問辦公室(1982–1986)。1989年至1993年出任副首席政府律師，代表聯邦政府在最高法院出庭。1986年至1989年間，以及1993年至2003年間，他作為私營律師，在華盛頓特區執業。2003年，他被任命為哥倫比亞特區巡迴上訴法院法官。2005年進入最高法院時，他是自1801年履任的約翰・馬歇爾以來最年輕的首席大法官，年僅50歲。

MR. THEODORE B. OLSON Washington, D. C. **(35 minutes - for petitioners)**	No. 00-949. **(1)** **GEORGE W. BUSH AND RICHARD CHENEY,** Petitioners	
MR. JOSEPH P. KLOCK, JR. Miami, Fla. **(10 minutes – for respondents Katherine Harris, et al., in support of petitioners)**	V.	1 and ½ hours for argument.
MR. DAVID BOIES Armonk, N. Y. **(45 minutes – for respondents)**	**ALBERT GORE, JR., ET AL.**	

圖9　這是一份「當日開庭通知」，即「布殊訴戈爾案」當日的言詞辯論日程表，此案決定了2000年總統大選之爭的結果。兩位總統之位角逐者都由最高法院出庭律師代理，西奧多‧奧爾森代表小布殊州長出庭，戴維‧博伊斯代表戈爾副總統出庭。小約瑟夫‧克洛克代表佛羅里達州州務卿凱瑟琳‧哈里斯出庭，這也是他第一次出席最高法院的言詞辯論。大法官們在平常一小時基礎上，又專門為此案增加了半小時言詞辯論時間

請求最高法院複審的申請被簡稱為「複審申請」（cert petitions）。按照《最高法院訴訟規則》的要求，這類申請必須符合固定格式。首先是「提請複審的問題」，應「力求簡短，切忌長篇大論或囉唆重複」。陳述應簡潔明瞭，不含作為附件提交的下級法院判決，陳述不得超過9000個字。除非最高法院批准延期，申請必須在擬上訴案件的判決作出後90天內提交。

最高法院在處理這些申請方面，有完全的自由裁量權。（有一小類案件不是以複審申請，而是作為「管轄權聲明」提交到最高法院的。從具體操作上看，對這類案件，大法官需要採取如下措施：駁回上訴；在不發佈判決意見的情況下作出簡易裁決；或者「確認管轄權」，開庭審理此案，和其他案件一樣處理。對管轄權問題的深入討論，已超出本書範圍。這裏只需指出：這一曾經重要的屬「強制性上訴」類別的案件，目前僅限於《投票權法》引發的訴訟。1980年代中期，國會同意了大法官們關於剔除絕大多數其他類型強制管轄權類案件的要求，最高法院由此獲得更大的選案裁量權。）

《最高法院訴訟規則》第十條提醒複審申請方，「根據調卷複審令狀啟動的複審並非基於權利，而是基於司法裁量權」，而且申請只有「具備確有必要的事由才會被批准」。規則隨後列舉了「最高法院考慮的事由類型」。所列事由主要是聯邦下級法院之間或

州法院之間在「重要聯邦問題」上存在的分歧。《國內稅收法典》或任何其他聯邦法律中某個條款的含義，在任何巡迴法院都應該是一樣的，無論是在位於波士頓的第一巡迴上訴法院，還是在位於芝加哥的第七巡迴上訴法院。同樣的道理，無論是加州最高法院，還是紐約州最高層級的上訴法院，對聯邦憲法某個條款的解釋也應當是一致的。(當然，州法院可以自由解釋本州憲法，賦予個人權利比聯邦憲法更多 —— 但不能更少 —— 的保護。)律師為了說服最高法院受理某個案子，通常會努力證明此案存在《最高法院訴訟規則》第十條中提到的法律分歧。即便如此，相關法律問題是否足夠「重要」，以至於能夠吸引到大法官們的注意力，還是完全由大法官決定。

　　按照傳統的「四票規則」，要有四位大法官投票同意受理某起案件，才能「批准調卷複審令」。四票距離形成多數當然還差一票，但是，這個規則在大法官們態度堅決、票數接近的案件中，必然會激起策略性行為。設想一下，有四位大法官被申請人說服，認為下級法院的判決存在嚴重錯誤，應當批准複審。如果他們不確定能最終爭取到第五張票，或許會放棄受理這起案件的機會，因為這樣總好過在全國範圍內創制一項「錯誤」規則。政治學家把這種做法稱為「防禦性駁回」。[2] 然而，更多情況下，大法官會認為，案

2　關於「防禦性駁回」的詳細介紹，參見[美]H.W.佩里：《擇案而審：

件的最終結果不如解決下級法院之間的法律分歧那麼重要，尤其是在法律解釋類案件中。如果國會不同意最高法院對法律解釋類案件的判決，他們可以用修改法律的方式推翻判決。

每年從幾千份申請中篩選出幾十起準備受理的案子，對一所僅由九位成員組成的法院來說，是一項令人望而生畏的任務。1970年代中期，由於申請量驟升，大法官們找到一種辦法來減輕工作負擔，即讓年富力強的年輕法官助理組成「集體審議小組」（cert pool）。按照這一做法，每份申請都由審議小組中的一名助理代表參與小組的全體大法官進行審查。該助理會撰寫一份備忘錄，總結下級法院判決內容，列出同意受理和不同意受理的主張，並提出處理建議。當然，也僅僅只是建議而已。參加「集體審議小組」的多數大法官(近年只有一到兩人不參加)會從自己的四名助理中派出一人，結合大法官的個人立場，對小組提出的建議進行審查。即便如此，「集體審議小組」制還是遭到許多批評。批評者認為，這一制度不僅使最高法院更有可能與重要案件失之交臂，而且很可能加重在拒絕受理方面的頑固偏見。按照這些人的說法，法官助理們建議批准申請時，既要擔心大法官拒絕建議，還害怕發生更糟糕的情形：大法官受理後

美國最高法院案件受理議程表的形成》，傅郁林、韓玉婷、高娜譯，中國政法大學出版社2010年版，第192–206頁。

才發現，這些案件按程序法的要求，應當駁回才是。「集體審議小組」制的支持者則認為，上述疑慮都是誇大其詞。他們指出，任何真正重要的議題都必定會多次訴至最高法院，並且最終都會被注意到。

對最高法院選案程序更為細緻的批評——其實更大程度上是經過觀察給出的評論——來自學者們。他們認為，最高法院受理的案件要麼不能反映在公眾看來最為重要的那些問題，要麼只反映某個重要議題的某一非典型側面，對於解決典型案件毫無助益。例如，2007年，最高法院十年來第一次就公立學校學生的言論自由權利作出判決，這個議題向來受到社會各界廣泛關注。但最高法院卻選擇了一起過於特殊的個案，這起名為「莫爾斯訴弗雷德里克案」（*Morse v. Frederick*）的案件，涉及校方對一個打着措辭含糊的條幅，有可能表示也有可能未表示支持使用違禁藥品的學生的處罰。[3] 對校區如何處理常見的因學生關於

3　「莫爾斯訴弗雷德里克案」：2002年1月，冬季奧林匹克運動會火炬傳遞要從阿拉斯加州朱諾地區經過，為慶祝這一盛舉，沿途的朱諾–道格拉斯高中准許在校學生暫時停課，並在老師指導下到校門口觀看。火炬經過時，站在學校街對面的幾名高中生突然打出一條巨大的橫幅，橫幅上寫有「耶穌抽大麻」（BONG HiTS 4 JESUS）字樣。校長看到這個橫幅後非常震驚，跑上前去要求學生們把橫幅拿掉，其中一名叫約瑟夫·弗雷德里克的學生拒不服從，被勒令停課十天。他隨後提起訴訟。2003年，阿拉斯加州聯邦地區法院作出有利於校方的裁決，指出：學生們當時觀看冬季奧林匹克火炬接力跑，是學校組織的活動的一部分，因此，在這期間如果出現贊同吸毒的言論，學校負責人完全有權斟酌處理。案件上訴至聯邦第九巡迴上訴法院後，該院作

政治、校規或性取向的言論引發的爭議，終審判決並沒有提供任何指導。正如最高法院研究領域的頂尖學者桑福德·列文森指出的，最高法院審理的案件必然只局限於「可訴的憲法」內容，即那些可以作不同解釋、充當律師和法官解釋法律的淵源的憲法條款。與此相對的則是「剛性的憲法」內容，即具有重大意義的結構性條款，如小州在聯邦參議院擁有的過度代表權，這類條款不在任何法院的審理範圍之內。列文森寫道，「執著於可訴的憲法內容」，導致人們「過高估計了法院和法官的重要性，無論是正面作用，還是負面作用」。

拒絕複審既不會設定一個先例，也不意味着最高法院贊成下級法院的判決——這一點常被人們誤解。申請被以「拒絕複審」的形式駁回，原因有很多。這其中不僅包括偶爾出現的「防禦性駁回」，更常見的原因則是缺乏實質衝突甚至缺乏實體性法律問題(許多複審申請會請求重審案件的事實問題)，又或大法官認為某個案子固然涉及有意思的議題，卻由於任何一種程序性問題而屬「蹩腳的載體」。

除非大法官採取進一步措施，所有的調卷複審令

出了有利於學生的裁決，裁定校方侵犯了學生的言論自由權。判決認為，即使是高中生，只要他的言論沒有擾亂學校活動或教學任務，他就有權發表自己的言論。校方上訴至最高法院後，最高法院支持了校方的觀點，羅伯茨親自起草的法院意見指出：勒令停課的行為沒有違背憲法的規定。

狀申請都會被視為駁回。所以，第一步是要將申請從俗稱的「死亡清單」轉移到「待議清單」上，供大法官們在每週例會上討論。首席大法官負責決定哪些申請入選待議清單，並主持會議，大法官們在會上以年資為序，依次發言並投票表決。(當週聽審案件的討論與投票，也適用同樣的程序。)會議通常在週五召開(5月和6月則安排在週四)，會議上形成的「指令」——受理或拒絕受理案件的清單——會在下週一公佈。最高法院通常不會給出受理或拒絕受理的理由。但在極個別情況下，「指令清單」會附上一位或多位大法官對駁回複審申請決議的異議意見，他們會在異議中解釋為什麼認為此案本該受理。

按照法律規定，最高法院的開庭期從每年10月第一個週一開始。但是，大法官們其實在之前一週，即9月的最後一個週一，就已經開始工作了，他們會開會審議夏季閉庭期內陸續積壓的大量調卷申請。法律並沒有規定每個開庭期結束的確切日期。大法官們通常會把目標定在6月最後一週，而且幾乎總能如期結束。除了發生緊急情況，4月底之後就不再開庭，大法官們會利用5月和6月，撰寫本開庭期七個言詞辯論期中未決案件的判決意見。(為確保這一機制如常運轉，當年1月後新批准受理的案件要到秋天到來，新的開庭期開始之後才聽審。)與許多經常把一個開庭期的案子拖到下一個開庭期審理的法院不同，最高法院一直嚴格

堅持當期開庭、當期處理。任何案件開過庭後，如果本開庭期未能下判，必須在下一個開庭期完全重新聽審。這一強制性規則可以激勵大法官們努力工作，盡可能在6月份審結本開庭期的所有案件。由此也催生了一個略帶貶義的短語，「六月判決」，形容那些匆匆忙忙趕出來，明顯有拼湊痕跡的判決意見。

每個開庭期最重要的判決，大多數會在6月宣判，所以許多人認為大法官們可能是故意把好戲留到最後揭曉。事實卻遠非如此。最高法院通常從11月就開始發佈判決意見，之後的開庭期內陸續都有意見發佈。但是，自然而然地，分歧最小的案件，即會得出一致或近乎一致的判決的案件，會最早宣判。疑難複雜案件，或其他基於這樣或那樣的原因引發諸多協同意見或異議意見的案件，耗時更長，甚至會曠日持久，直到7月4日國慶週末迫近，面臨時間壓力，大法官們才會在最後一分鐘作出妥協，趕在6月底宣判。

判決意見會在開庭當天，庭審開始前公開宣讀。撰寫多數方意見的大法官會宣讀判決要旨。撰寫異議意見的大法官如果覺得情緒激動，不吐不快，之後也可以宣讀異議意見的要旨。大法官當庭宣讀的，並非判決正式文本的一部分，而是從長篇意見中擷取的、有助於現場聽眾釐清案情的要點。與其他法院不同的是，最高法院對宣判日期不會提前作出任何預告，法庭內的宣判就是官方首次宣告案件已經判決。宣判

後，正式文本將在數分鐘內上傳到最高法院官方網站上（www.supremecourt.gov）。最高法院也會在網上公佈每日的庭審記錄。每週五，網站還會公佈本週庭審的音頻記錄。

近些年，互聯網進一步拉近了最高法院與公眾的距離，拉近程度甚至連幾年前都無法想像。網站上除了可獲取其他資源外，還可以獲取就已受理案件提交的訴狀（得益於最高法院與美國律師協會的合作），以及每份調卷複審令狀申請經過的全部程序，無論是被批准的還是被駁回的申請。以前需要前往最高法院書記官辦公室才能拿到的最高法院待審案件表和審判流程方面的信息，現在只需輕點鼠標即可獲取。

最高法院一樓設有媒體工作室。調卷複審令狀申請和訴狀都有副本供媒體取閱，所有庭審也會為記者們預留專門席位。電視台記者也是最高法院報道團隊的成員，但法院不允許攝像機或其他攝影設備進入法庭。戴維‧蘇特大法官說過，電視攝像機若想進入法庭，除非跨過他的屍體。極少有大法官如此形象地表達自己的反對立場，也從未有過哪位大法官站出來表態支持過電視直播。

第六章
最高法院與立法、行政分支

　　「三權分立」這個短語，易令人產生誤解，以為聯邦政府三大分支各自在自己的職權範圍內運行。更準確的形象是，三者之間存在着某種互動關係，最高法院是其中一個積極的參與者。即使最高法院與總統、國會表面和平共處時，三者之間的關係也暗自緊張，這反映的與其說是機制障礙，不如說是部門界限和決策方式上的截然差異。三者關係會週期性地惡化，一開始是失衡，之後則可能以權力鬥爭的形式表現出來。不止最高法院，作為一個整體的司法系統，都會手握可資調用的重要工具，參與到各政治分支之間的互動當中。它面臨的挑戰，亦即它「永久的兩難困境」，用從事司法研究的著名學者斯蒂芬·伯班克的話說，在於「參與到政治體系中，但又不淪為政治的犧牲品」。

　　正如伯班克指出的，不同政府分支之間的關係在多大程度上受形式結構主導，就在多大程度上受各種行為準則和傳統慣例主導。例如，憲法允許國會彈劾並免去聯邦法官的職務，但彈劾標準是這名法官犯下

刑事罪行或嚴重失德，而不是國會成員不喜歡他的判決。

透過大法官們與國會或白宮立場不一致的案件，可以檢視最高法院與其他政府分支的關係。重要的最高法院案件猶如一出大戲，各大權力機構都是演員，最高法院也不例外。有些演員會成為勝利者，有些演員則淪為失敗者。但是，必須認識到一點：在法庭之外，最高法院其實是以不那麼戲劇性的方式，頻頻與其他政府分支發生聯繫的。最高法院每年都會向國會提交年度預算申請，大法官們也會輪流到國會相關小組委員會作證，陳述最高法院的經費需求。國會決定着大法官和全體聯邦法官的薪酬。約翰·羅伯茨成為首席大法官後，將說服總統和國會給久未漲工資的聯邦法官加薪視為一項要務，但他的請求始終被置之不理。

司法部長，會同參眾兩院司法委員會主席及高級成員，每年會造訪兩次最高法院，與首席大法官和司法聯席會議成員會面。這類非公開會面討論的議題，包括臨近的立法規劃和更寬泛的政策問題。反過來，每年1月，最高法院也會受邀聽取總統對參眾兩院所作的國情咨文報告。根據以往的慣例，即使不是全體大法官，至少也會有幾位大法官到場。2010年1月，奧巴馬總統利用這一場合，批評了最高法院一週前作出的一項判決，這起名為「公民聯邦訴聯邦選舉委員

圖10　2009年1月14日，距離宣誓就職還有六天，當選總統奧巴馬攜尚未履任的副總統拜登在最高法院內部會議室拜訪諸位大法官。從左至右，依次是：奧巴馬；小約翰·羅伯茨首席大法官；約翰·保羅·斯蒂文斯大法官；露絲·巴德·金斯伯格大法官；戴維·蘇特大法官；安東尼·肯尼迪大法官；安東寧·斯卡利亞大法官；斯蒂芬·布雷耶大法官。克拉倫斯·托馬斯大法官和小塞繆爾·阿利托大法官缺席

會案」（*Citizens United v. Federal Election Commissiony*）的案件的判決根據憲法第一修正案，賦予企業更廣泛的資助政治競選的權利。電視攝像機搖向大法官們時，拍到阿利托大法官喃喃自語，以一句「並非如此」回應奧巴馬總統對此案判決的評價。羅伯茨首席大法官事後高調質疑大法官繼續參加國情咨文發佈會的必要性，認為這類場合「非常惱人」，與其說是國家儀式，不如說是「學生的動員大會」。2011年的國情咨文發佈日臨近時，對於大法官們到底會如期而至，還是敬而遠之，人們都心存疑慮。阿利托大法官那天有意去了夏威夷。但羅伯茨首席大法官和另外五位大法官還是蒞臨現場，總統在走向講台經過他們身邊時，向他們表示了問候。

國情咨文發佈會上這段插曲，或許會被描述為一段反映部門之間緊張關係的情節劇，更嚴肅的關係，則表現在國會不斷嘗試剝奪聯邦法院或最高法院對某些案件的管轄權。國會裏的南方議員和其他保守派對沃倫法院的判決的回應，就是不斷拋出提案，試圖剝奪最高法院對校園種族隔離、州議會議員名額分配、反共忠誠和安全事務等案件的管轄權。公立校園祈禱、朗誦效忠誓言和公共場所「十誡」陳設物引發的案件，都成為國會議員洩憤的靶子和呼籲剝奪管轄權的對象。此外，最近幾年，刑事量刑問題也導致國會與聯邦法院系統關係緊張。國會的資深共和黨議員

指責聯邦法官量刑過寬。2003年，國會制定了一部法律，要求聯邦法院就量刑幅度低於《聯邦量刑指南》的判決向國會提供報告。倫奎斯特首席大法官譴責了這項被稱為「菲尼修正案」的立法，說它是「試圖對法官個人履行司法職責施加威嚇的無理且有欠考慮的做法」。

最高法院對司法審查權的使用，也是導致分支之間緊張關係經常發生、不斷持續的因素。與通過剝奪法院管轄權的方式應對最高法院的憲法類判決相比，國會反制最高法院法律類判決的措施要更頻繁、更有效。1990年代初，由於最高法院幾年前在一系列民權案件中向右轉，國會不得不作出激烈回應。1990年和1991年通過的多部立法推翻了最高法院的十多個判決。

2009年1月，奧巴馬總統上任後簽署生效的第一部法案，就是《莉莉‧萊德貝特公平薪酬法》，這部法律推翻了最高法院2007年在一起就業歧視案中的判決。「莉莉‧萊德貝特事件」生動說明了最高法院的判決能把一項議題既推上國家的法律議程，又推上政治議程。莉莉‧萊德貝特是一家輪胎廠的管理人員，也是這個崗位上唯一一名女性。她在退休之後，才知道自己多年來領的工資，一直比廠內任何一名男性少。她根據1964年《民權法》第七節提起訴訟，這部法律禁止在工作場所出現基於種族和性別的歧視。法律要求當事人必須在「歧視行為」發生後的180天內

起訴。儘管僱主針對萊德貝特的歧視很多年前就已開始，但她的律師聲稱，根據負責實施相關法律的聯邦機構對180天時限的解釋，她有權提起訴訟。按照該機構確立的「時效隨支薪行為遞增」規則，僱主每次支付薪水，都體現了歧視待遇，如此一來，訴訟時效就可以重新起算。大多數聯邦巡迴上訴法院贊同該機構的解釋，但位於亞特蘭大的第十一巡迴上訴法院，即審理萊德貝特案的法院，卻拒不接受上述機構確立的規則，推翻了陪審團之前作出的由輪胎公司賠償300萬美元的一審裁決，並駁回訴訟請求。

2007年，最高法院在「萊德貝特訴固特異輪胎和橡膠公司案」（*Ledbetter v. Goodyear Tire & Rubber Co.*）中，以5票對4票判定維持原判。多數方意見的裁判依據，是最高法院早年在其他就業歧視行為（如解僱、不予晉升或不予錄用）上適用1964年《民權法》第七節「180天限制」規定的判例。阿利托大法官撰寫的多數方意見指出，同樣的規則應適用於「情況略有不同」的不平等薪酬案件。位於異議一方的金斯伯格大法官反駁稱，本案事實上與先例存在關鍵性的不同。她說，解僱、不予錄用或不予晉升都是公開的行為，容易認定，但是，多數私營公司僱員是無法探知同事拿多少工資的。金斯伯格大法官認為，由於萊德貝特與其他僱員一樣，工資也是定期增加的，所以她沒有合理理由懷疑自己在退休時的薪酬比男同事少了40%之多。

金斯伯格當庭宣讀了自己的異議意見，這是異乎尋常的做法。她的舉動使該案判決更加引人注目，人們不再將之視為解決勞動法中模糊條款的技術性判決，而把它看做關於民權、意識形態鬥爭和最高法院未來的新前沿。當時，由小布殊總統任命的阿利托大法官作為最高法院的最新成員，上任還不到18個月。如果他的前任桑德拉‧戴‧奧康納大法官還在，十有八九會投票支持另外一方，最終判決結果也會迥然不同。國會中的民主黨人迅速採取措施，打算以修正《民權法》第七節的方式，推翻最高法院這一判決。2008年春，參議院的共和黨人阻止了這一修正案通過。這起意外事件當然的女主角莉莉‧萊德貝特，成為所有此類進步人士的有力象徵，這些進步人士對剛完成人員更替的羅伯茨法院和共和黨贏得2008年總統大選的前景心懷恐懼。2008年夏天，萊德貝特在民主黨全國大會發表演說，爭取到民主黨在國會重新推動法案的承諾。這股動力最終促成法案在國會通過，並呈至新總統案頭。

在激起軒然大波的「萊德貝特案」判決之後的那個開庭期，隨着就業歧視問題驟然凸顯，最高法院對僱員們關於工作歧視的抱怨似乎變得熱心起來。在數起案件中，多數方的意見都支持了僱員一方。

「萊德貝特事件」來去匆匆。完全可以預見的是，未來關於立法意圖和聯邦法律含義的零散爭議，

也會如此驟來驟去。但是，圍繞國會立法權的範圍，最高法院與國會之間還有更深入的憲法層面的鬥爭，這樣的鬥爭可以追溯到建國之初，會週期性地爆發而又平息，但並無終結跡象。或許，這類衝突本來就內置於憲法設計之中。

進入現代，政治分支與最高法院之間的嚴重衝突有兩個重要階段，中間間隔了60年時間。第一階段是關於「新政」的鬥爭。富蘭克林·羅斯福總統第一任期內，最高法院內的保守派成員組成的多數方，廢止了新行政分支經濟復興計劃的多數內容。最高法院判定，國會制定的包括《國家工業復興法》和《農業調整法》在內的十幾部法律，不管從規制州際商事還是從提供公共福利方面來說，都是越權行為。羅斯福宣佈，是時候「採取措施，從最高法院手中拯救憲法了」。

1937年初，羅斯福連任後，提出《司法系統改組法案》，即眾所周知的「法院填塞計劃」。根據這一提案，只要有任何一位在任大法官超過70歲還沒退休，總統就可以任命一位新大法官 —— 根據當時在任大法官的年齡狀況，羅斯福可以新任命六位。提案引起巨大爭議，最終因被參議院司法委員會否決而作罷。然而，由於最高法院迅速轉向，開始支持《社會保障法》和高度注重勞工權益的《國家勞資關係法》等「新政」關鍵措施，羅斯福還是被視為獲勝者。接下來，美國進入了聯邦政府權力急劇擴張、日益介入

社會生活的時期，要到將近60年後，最高法院才再次以超越立法規制商事的權限為由，宣佈國會出台的法律無效。

這場紛爭於1995年重啟時，最高法院的目標，是一部禁止在校園附近持槍的含義模糊的聯邦法律。由於各州都有類似立法，這部名為《校區禁槍法》的聯邦法律命運如何關係不大。然而，最高法院在「美國訴洛佩斯案」（*United States v. Lopez*）中判定這部法律無效，宣告了倫奎斯特法院聯邦主義革命的開始。[1]倫奎斯特首席大法官在多數方意見中寫道，如果維持這部法律的存在，將會混淆「真正的國家事務與真正的地

1　「美國訴洛佩斯案」：1990年代，保守派大法官佔據最高法院多數席位，他們試圖通過判決，從憲法基礎上削弱聯邦政府的權力，強化聯邦主義觀念。「美國訴洛佩斯案」提供了一個很好的機會。1992年3月10日，一個叫洛佩斯的學生攜帶一支手槍來到聖安東尼奧的埃迪森高中。校方接獲匿名舉報後，迅速將洛佩斯攔下，武器被搜出後，後者很快被逮捕，根據德克薩斯州法律，他將因在校園持有武器而被起訴。但是，到了第二天，州內的起訴被撤銷，取而代之的是聯邦檢察部門的起訴，指控他違反了1990年《校區禁槍法》，該法禁止在校內或學校附近持槍。洛佩斯被判六個月監禁，他的律師隨即以《校區禁槍法》侵犯州權為由提起上訴。1995年4月26日，最高法院以5票對4票作出判決，宣佈《校區禁槍法》違反了憲法「商事條款」。首席大法官倫奎斯特主筆的多數方意見（奧康納、斯卡利亞、肯尼迪和托馬斯加入該意見）判定國會立法因超越憲法「商事條款」賦予的權限而無效。倫奎斯特在意見中引用了詹姆斯·麥迪遜在《聯邦論》第45篇中的一段話：「新憲法授予聯邦政府的權力很少而且有明確的規定。各州政府所保留的權力很多但沒有明確的規定。」此案詳情，可參見[美]傑弗里·圖賓：《九人：美國最高法院風雲》，何帆譯，上海三聯書店2010年版，第76–77頁。

方事務之間的界限」。這一分析意味着一個漫長時段的結束，此後最高法院將不再允許國會自行在特定立法中判斷，國家事務與地方事務之間的界限是否對任何一種特定的立法都至關重要。本案判決是以5票對4票作出的，異議方迅速指出了可能的影響。蘇特大法官警告說，「看來可以合乎情理地問一句，最高法院今天邁出的一步，是否預示着本院近60年前就已擺脫的根本站不住腳的司法理念再次回歸？」

　　隨後，最高法院又馬不停蹄作出了一系列內部分歧較大的判決，不僅根據憲法「商事條款」，還依照第十四修正案，限定國會的立法權限。根據憲法第十四修正案第五款，國會「有權以適當立法實施本條規定」——換句話說，這也是該修正案第一款關於正當法律程序和平等保護的內容得以實施的保障。在1990年代聯邦主義革命推進過程中突顯出來的問題，就是第五款中「實施」（enforce）一詞的含義，以及第十四修正案第五款賦予國會立法權限的範圍。國會的權力是否僅限於實施那些已經被最高法院採納的對正當法律程序和平等保護作出的解釋？或者國會有實質權限根據自己的憲法觀點立法？

　　這一問題還與針對保護宗教自由的爭論交織在一起，後者首先令大法官們產生分歧，隨後釀成最高法院與國會的衝突。在1990年的一個判決中，最高法院拒絕為一些人提供保護，這些人主張自己的宗教信仰

要求豁免於一項普遍適用的法律的約束。在這起名為「俄勒岡人力資源廳勞動處訴史密斯案」(*Employment Div., Dept. of Human Resources of Oregon v. Smith*)的案件中，最高法院判定，在宗教儀式上服用致幻藥物佩奧特鹼的美籍印第安人，如果因違反僱主禁止吸食毒品的規定被開除，不得享有領取失業救濟的憲法權利。

作為回應，國會迅速通過一部法律，並略帶挑釁地將之命名為《宗教自由恢復法》。新法規定，一部貌似宗教中立的法律，不得以對宗教活動造成負擔的方式適用，除非政府可以證明這種負擔服務於「緊迫利益」。德克薩斯州伯尼市的一個羅馬天主教教區援引《宗教自由恢復法》，要求拆毀一座受歷史遺跡維護法典保護的老教堂，以便重建一座新的更大的教堂。教會認為根據《宗教自由恢復法》，此事可以免受《歷史遺跡維護法》規制。市政府則反過來宣稱，《宗教自由恢復法》違反憲法。市政府提出，第十四修正案第五款授權國會立法矯正對憲法權利的侵犯，而不是立法賦予某種權利比最高法院已界定的範圍更寬泛的含義。

在1997年的「伯尼市訴弗洛里斯案」(*City of Boerne v. Flores*)中，最高法院以6票對3票，支持了市政府的主張。最高法院指出，國會實施憲法的權力僅是「矯正和預防」性質的，因而不採納「任何關於國會根據第十四修正案擁有實質性的、非矯正性的權力的說

法」。肯尼迪大法官主筆的多數方意見，在形式上帶有權力分立主義者的口吻。「最高法院解釋憲法時，是在做司法分支分內之事，履行界定法律的職責。」肯尼迪大法官的話，援引了馬歇爾首席大法官在「馬伯里訴麥迪遜案」中為人熟知的判詞。他總結道：「國會權力的範圍雖然寬泛，卻受第十四修正案『實施法律條款』約束，《宗教自由恢復法》違反了權力分立和聯邦權力平衡賴以維持的關鍵原則。」

倫奎斯特法院的多數方採用了對第十四修正案第五款和憲法「商事條款」的類似解釋，來推翻其他法律，如《防治對婦女施暴法》，這部法律允許性別暴力的受害婦女在聯邦法院起訴施暴者（2000年「美國訴莫里森案」*United States v. Morrison*）。最高法院同時判決，各州（作為僱主）不必受反對僱傭歧視的聯邦法律的約束，不管反對的是年齡歧視（2000年「基梅爾訴佛羅里達州高等教育監管委員會案」*Kimel v. Florida Board of Regents*）還是殘疾歧視（2003年「阿拉巴馬大學董事會訴加勒特案」*Board of Regents, University of Alabama v. Garrett*）。

出人意料的是，2003年，在倫奎斯特首席大法官本人的引領下，最高法院突然轉向，駁回了質疑《家事和醫療假期法》合憲性的一項類似訴求。這部法律要求政府僱主與私營僱主一樣，應留給僱員處理家庭緊急事務的時間。倫奎斯特首席大法官主筆的多數方

意見判定，不遵從這項法律的州不得豁免於訴訟。這起名為「內華達州人力資源廳訴希布斯案」（*Nevada Dept. of Human Resources v. Hibbs*）的案件的判決，似乎意味着聯邦主義革命已經自然而然地展開。但是，歷史經驗告訴我們，最高法院與國會在這個特定問題上的對抗，其表面上的中斷只是暫時現象。至於這個「暫時」是指幾年還是幾十年，其實並不確定。

最高法院與總統之間的鬥爭，在小布殊行政分支對「9·11」恐怖襲擊的回應引發的案件中體現得格外明顯，這種鬥爭既有當代迴響，也在歷史上有着根深蒂固的淵源。後人常援引安德魯·傑克遜總統對最高法院支持切諾基印第安人的判決的回應：「既然約翰·馬歇爾判了，就讓他去執行吧。」其實，他可能沒有說過這句話。不過，這句話之所以給公眾留下深刻印象，是因為在我們的設想中，總統最希望能對最高法院這麼說。我們能夠想到的最高行政首長，比如理查德·尼克松，在1974年「美國訴尼克松案」（*United States v. Nixon*）中被最高法院勒令交出作為罪證的「水門錄音帶」；再比如比爾·克林頓，在1997年「克林頓訴瓊斯案」（*Clinton v. Jones*）中，面對某位女士的性騷擾指控而被剝奪民事訴訟豁免權。

1952年，杜魯門總統介入戰時勞資糾紛，最高法院對這一做法的回應，在半個多世紀後，仍然象徵着最高法院有權拒絕總統所主張的緊急狀態特權。

事實上，它遠不是一個象徵符號那麼簡單：鋼廠接管案，即眾所周知的「楊斯頓鋼鐵公司訴索耶案」（*Youngstown Sheet & Tube Co. v. Sawyer*），近年來被最高法院多次援引，用於抑制總統所主張的在關塔那摩灣實施羈押政策的單方面權力。

根據杜魯門的命令，聯邦政府為預先阻止鋼廠工人罷工，避免罷工影響國家在朝鮮戰爭期間的軍火產量，決定接管國內所有鋼廠。鋼鐵業訴至聯邦地區法院，抗議接管措施。這起案件在強烈的緊迫感驅使下迅速推進，從提起訴訟，到最高法院作出判決，相隔不到兩個月。所有成員都由羅斯福和杜魯門任命的最高法院，以6票對3票作出對總統不利的判決。雨果·布萊克大法官撰寫的多數方意見駁回了總統的主張，即儘管缺乏法律的明確授權，總統採取措施的權力包含在憲法第二條之中。羅伯特·傑克遜大法官加入多數方意見，並提交了一份單獨的協同意見。正是傑克遜的這份意見，在界定總統權力邊界方面，被後世援引得最為頻繁。

傑克遜大法官將總統可能實施的行為分為三類，他將之描述為「對某些現實情形某種過於簡化的分類，在這些情形下，總統本人可能會質疑、他人也可能會挑戰總統的權力」。首先，「當總統按照國會明確或隱含的授權行事時，他的權限處於最大化狀態，既包括他自身擁有的一切權利，還加上了國會所能委

託的一切權力」。第二，傑克遜大法官將「總統在國會既未授予也未拒絕授予權力的情形下行事」界定為「模糊區域」，在此，總統「只能依靠自己的獨立權力」，這種依靠是否合法，「很可能取決於事態的緊急程度和當時不可預知的情形，而不是抽象的法學理論」。最後，「當總統採取的措施違背了國會明確或隱含的意思時，他的權力就處於最小化狀態」。傑克遜將對鋼廠的接管措施歸入第三類，認為總統的行為與國會已經出台的三項立法並不一致。「本案中的行政行為源自總統的個人意願，代表着未經法律授權而行使權力。」他總結道。

與杜魯門總統一樣，小布殊總統宣稱，憲法第二條賦予他設立軍事委員會的權限，審理那些羈押在關塔那摩灣美國海軍基地的「敵方戰鬥人員」的戰爭罪行。與「鋼廠接管案」時期的最高法院一樣，在2006年的「哈姆丹訴拉姆斯菲爾德案」中，五位大法官組成的多數方判定，總統關於自己固有權限的主張並無充分根據。斯蒂文斯大法官在他撰寫的多數方意見的腳注中，提到了「鋼廠接管案」判決。肯尼迪大法官主筆的協同意見，得到多數方其他三位大法官的加入，這份意見明確按照傑克遜在「鋼廠接管案」中的意見框架展開。肯尼迪大法官並沒有把總統設立軍事委員會的行為歸入傑克遜提到的第二類行為（國會缺乏相關規定），而是納入第三類：總統的行為不符合聯邦

法律的明確規定。

「哈姆丹案」並非最高法院與小布殊行政分支羈押政策的首次遭遇，也不是最後一次。兩年前，也即2004年的「拉蘇爾訴布殊案」（*Rasul v. Bush*）中，最高法院否決了行政分支試圖令關塔那摩灣的被羈押者脫離聯邦法官管轄範圍的做法。最高法院判定，從實際功能上看，位於古巴的軍事基地屬美國的一部分，因此，在法律解釋上，聯邦法院有權根據人身保護令相關法律，審理幾百名被羈押者對無限期關押政策之基礎的挑戰。最後，在國會與惱羞成怒的總統的共同努力下，國會立法剝奪了聯邦法院審理關塔那摩灣被羈押者提交的任何人身保護令申請的管轄權。在2008年的「布邁丁訴布殊案」（*Boumediene v. Bush*）中，大法官們以5票對4票判定這項剝奪法院管轄權的立法違憲。[2]

最高法院與政治分支之間的這種短兵相接、兵來將擋的緊張往復，會在新總統入主白宮後暫時中止。國內政策案件開始取代外交事務案件，進入司法領域。然而，沒有人可以認為，最高法院與總統之間曠日持久的爭鬥會真正偃旗息鼓。

2　「布邁丁訴布殊案」：最高法院在這起案件中判定，憲法關於「人身保護令狀」的規定，適用於羈押在關塔那摩的囚犯，國會立法中止令狀的行為違反憲法。關於最高法院與關塔那摩囚犯有關的一系列案件的詳情，參見[美]斯蒂芬·布雷耶：《法官能為民主做什麼》，何帆譯，法律出版社2012年版，第十五章「節制總統權力：『關塔那摩囚犯案』」。

第七章
最高法院與民意

　　本傑明·卡多佐説過，法官「並非淡然地佇立在偏遠苦寒的山巔；那些席捲其他人的偉大浪潮，不會刻意改道，從法官身旁繞行」。[1] 卡多佐的這些話，出現在名為「司法過程的性質」的系列講座的結論部分，時值1921年，卡多佐還是一名州法官，尚未成為最高法院大法官。他的話在多年之後仍顯得合乎實際，同時也暗示着一個難解之謎。法官們，包括最高法院大法官們，都活在現實世界裏，他們的感知將如何影響自己的判斷？更具體來説，最高法院與公眾有着怎樣的關係？

　　大法官們本身對此也有話説。「我們法院的判決能否產生力量，取決於公眾的信心和信任。」奧康納大法官在一場名為「作為司法平等的維度之一的公眾信任」的演講中説道。她解釋説：「我們沒有執行判

<hr>

1　本傑明·卡多佐(1870–1938)：曾任紐約州最高法院法官、紐約州上訴法院法官、首席法官、聯邦最高法院大法官，被譽為美國歷史上最偉大的四位法官之一(另外三位是小奧利弗·溫德爾·霍姆斯、路易斯·布蘭代斯、勒尼德·漢德)。卡多佐的傳記已有中譯本，即[美]A.L.考夫曼：《卡多佐》，張守東譯，法律出版社2001年版。

決的常備軍，對於這些判決的正確性，我們仰仗公眾的信心。所以，我們必須留意民意和公眾對司法制度的態度，我們也必須盡力構建和維繫這種信任。」

倫奎斯特首席大法官曾說，如果法官不受民意洪流的影響，將「的確非同尋常」。「法官只要是正常人，都和其他職業的人一樣，終究會受民意的影響。」他在一場名為「憲法與民意」的演講中說道。他進一步補充說：「如果一位即將履任的法官打算如隱士一般地自我隔離於所有社情民意之外，恐怕會收效甚微；他就算不受當前民意的影響，也會受到履職時的民意的影響。」

儘管說法略有不同，上述司法態度有別的大法官都認為法官對民意的關注不僅在所難免，而且大有裨益，甚至勢在必行。兩位大法官都將自己的觀點付諸實踐。多年來，倫奎斯特首席大法官一直是最高法院1966年「米蘭達訴亞利桑那州案」（*Miranda v. Arizona*）判決的堅定批評者，該案判決要求警察在訊問被羈押的嫌疑人之前，必須提醒對方有保持沉默和聘請律師的權利，這一提醒如今已廣為人知。但是，當最高法院有機會在2000年推翻「米蘭達案」時，首席大法官卻將最高法院引向截然相反的立場。在「迪克森訴美國案」（*Dickerson v. United States*）中，他撰寫的多數方意見並沒有推翻「米蘭達案」，而是宣佈國會試圖推翻此案判決的立法違憲。「『米蘭達案』判決的精髓已

經如此融入日常警務實踐，以至於『米蘭達告誡』已成為我國文化的組成部分。」倫奎斯特寫道。

密歇根大學法學院為提升學生的種族多元化程度，採取了考慮申請人種族背景的入學政策，挑戰這一政策的官司打到最高法院之前20多年間，奧康納一直是平權政策的批評者。但是，在2003年的這起名為「格魯特訴博林傑案」（*Grutter v. Bollinger*）的案件中，她支持了法學院的政策，並代表多數方撰寫了判決意見。她在判決中援引了支持法學院一方的教育界領袖、大企業家和軍方領導人提交的「法庭之友」意見書。「為了培養一批被廣大公民認同的領導人，通向領袖之路應當對來自任何人種和種族的才俊敞開。」奧康納如此歸納法學院一方的核心論點。她確信，自己之所以被說服，不僅是因為上述論點本身，還在於它們是由代表了廣大精英階層意見的人士提出來的。

我們無須據此得出結論，認為上面兩位大法官在自己曾多次公開表態的問題碰到現實個案具體而清晰的檢驗時，都可能突然扭轉立場。關鍵在於，他們每個人考慮手頭的案子時，都不只是將之視為一個抽象的法律論題，而是把它們看做不僅是在法律因素，也是在社會、政治因素影響下產生的爭論。沒必要因為上述兩個案件的多數方都認為自己代表了公眾輿論，而一定要去贊同兩種判決結果中的任何一種——事實上，倫奎斯特就在「密歇根案」中持異議意見，並譴

責法學院的招生規劃是「赤裸裸的促進種族平衡的措施」。

學者們認為最高法院與民意的關係難以捉摸。兩位司法行為實證研究領域的頂尖學者，李·愛潑斯坦和安德魯·馬丁，合寫過一篇題為「民意影響到最高法院了嗎？或許如此(但我們不確定為什麼)」的文章。文章梳理了與這一議題相關的諸多政治學文獻，其中許多都缺乏說服力，內容也相互矛盾。作者的結論是，最多只能說最高法院與民意似乎存在關聯，但沒有充分證據「將這種關聯上升為因果關係」，也就是說，無法證明民意的確影響着最高法院。

但是，無論如何，民意都不可能只走在單行道上。公眾或許會影響最高法院，至少在某些情況下，最高法院也可以影響到公眾。有一個可以追溯到建國之初的經典比喻，將大法官比做教師；一篇名為「作為共和國教師的最高法院」的著名文章描述過早期大法官的作用，說他們巡迴審判，向大陪審團介紹法律要點時，正是在履行「國民教師」的職責。作者總結說：「大法官是否應該教化民眾，這一點並無疑問，也不可能有疑問，因為在民主政體下，教化與裁判本身就是密不可分的。」

如莉莉·萊德貝特事件所示(2007年的「萊德貝特訴固特異輪胎和橡膠公司案」)，最高法院的一紙判決可以成為公共討論的催化劑。有時，在一個案子宣

判甚至開庭之前，受理行為本身就能起到這一作用。1990年代中期，最高法院主動關注憲法是否保護在醫生協助下自殺的權利，將這一不受關注的議題帶入公眾視野，成為輿論焦點。1997年，最高法院在「華盛頓州訴格拉克斯伯格案」（*Washington v. Glucksberg*）判決中，對這一憲法問題給出了否定答案，但公共討論和爭議仍在持續，後來的民意調查表明，越來越多的人支持讓絕症患者瀕死前能在醫生協助下結束生命。就此議題的一項民意研究總結道：「最高法院在這一領域的案子，與在其他領域的一樣，將原本非常抽象的哲學和法律爭議，變成大眾話題。」

　　為最高法院的司法審查行為辯護者，必須時常與批評者論戰，後者認為，由那些並非民選而且終身任職的法官，來判定人民選出的代表制定的法律是否合憲，在本質上是不民主的，或者說「反多數的」。這類批評的力度時強時弱，說明最高法院多少有些偏離民意。其實，不難理解最高法院為何會有規律地偏離民意。由公眾情緒變化帶來的民選多數派的更迭，遠比最高法院的人事變遷快，因為最高法院成員的任期通常有幾十年。富蘭克林·羅斯福任命的九位大法官中，最早任命的雨果·布萊克在位時間不僅比羅斯福行政分支長，而且歷經杜魯門、艾森豪威爾、肯尼迪和約翰遜幾位總統，在尼克松首屆任期過半時方才退休。從1994年中期到2005年中期，是國內政治陷入紛

爭的一段時期，中間還穿插了2000年大選之爭，這期間最高法院席位沒有出現一個空缺。逼得羅斯福搬出「法院填塞計劃」的大法官們，遭到了左翼的批評；沃倫法院則受到右翼的批評；羅伯茨法院，某種程度上更趨於調和，卻再次受到左翼的批評。

然而，隨着時間推移，最高法院與公眾之間，似乎保持着某種平衡。民意調查經常反映出，對最高法院的「籠統」支持——換句話說，支持這個機構本身，而不是其特定行為——要高於對其他政府機構的支持。當然，這個事實並不能單獨說明什麼。調查還一再顯示，當前的公民教育程度不足，公眾對最高法院知之甚少。例如，在2005年的一次調查中，只有55%的受訪者知道最高法院有權宣佈國會某個措施違憲。（只有三分之一的人可以說出政府三大分支的名稱。）所以，公眾對最高法院表示的信任，或許反映的是信仰的程度，而非實際知識水平的躍升；人民希望信任某些政府機構，而且更容易判定自己不喜歡政治分支的哪些部分。或者，公眾對最高法院的支持，反映了政治學家所說的「合法性假設」，按照這一理論，一旦最高法院就某一議題作出判決，總會有相當數量的民眾得出結論：「如果他們認為應當如此，那一定是對的。」

又或者，基於本章開頭引用的大法官們表現出的對民意的認識，從長遠來看，最高法院還是會回歸正

軌，避免判決偏離主流民意太遠。這並不讓人感到驚奇。半個多世紀以前，政治學家羅伯特・達爾就評論道：最高法院是「政治領導階層的基本組成部分」，也是「居於統治地位的政治同盟」的一部分。達爾說，因此也就不難理解，「最高法院內的主流政策立場從不會長久偏離美國立法多數派的主流政策立場」。

既然最高法院與政治分支之間的關係是動態的，而非靜態的，最高法院的行動引起的反應可能會反過來影響到最高法院，隨着時間推移，甚至會促使最高法院改變方向。所以，總統候選人可能將最高法院作為目標，比如理查德・尼克松當年就曾批評沃倫法院關於刑事訴訟程序的判決，許諾上任後任命「對犯罪採取鐵腕手段」的大法官。尼克松後來任命的四位大法官，雖然有人在其他方面的確令他失望，但這些人都一直致力於阻止刑事被告權利的擴張，即使沃倫法院的主要判決仍赫然在案。

或許，驗證羅伯特・達爾觀點的另一途徑在於指出，最高法院大法官都是國家的精英，傾向於持有精英立場。這一點在1973年的「羅伊訴韋德案」（*Roe v. Wade*）中幾乎是肯定的，在這起案件中，七位大法官組成的多數方判定墮胎是一項憲法權利。七人當中，有四人由共和黨總統任命，這其中，又有三人——沃倫・伯格首席大法官、小劉易斯・鮑威爾大法官和

多數方意見撰寫者哈里・布萊克門大法官 —— 由理查德・尼克松提名到最高法院。「羅伊訴韋德案」的多數方意見對此案訴至最高法院之前，公共健康界和法學界的領軍人物持續十年的呼籲作出了回應，這些人要求不再將墮胎行為列為犯罪，而1960年代初，墮胎在各州均被認定為非法行為。另外，最高法院審理此案期間，一份全國性報紙上刊載的一項蓋洛普民意調查顯示，絕大多數公眾贊成這樣的說法：「是否墮胎只能由當事婦女和她的醫生去決定。」多數男人、女人、新教徒、天主教徒、民主黨人、共和黨人(68%的共和黨人，相較於59%的民主黨人)贊成上述說法。所以，大法官們可以合理推定，他們打算發佈的判決，將得到民眾的廣泛支持 —— 最初的事實也的確如此，但是到1970年代末，隨着政治上黨爭加劇，宗教右翼勢力抬頭，墮胎議題再次陷入紛爭。

對「羅伊訴韋德案」的政治反應來得比較緩慢。1973年1月「羅伊案」宣判後，首個加入最高法院的大法官是約翰・保羅・斯蒂文斯，由傑拉爾德・福特總統在1975年12月提名。不同尋常的是，在整個確認聽證會上，被提名人沒有被問到一個與墮胎有關的問題。如果把參議員們在最高法院人選確認聽證會上的提問，視為觀測國家重要法律議題的風向標，我們可以合理推斷，墮胎在「羅伊案」法院判決近三年後，仍未成為全國性的政治議題。

然而，在1980年代，最高法院受到不斷升級的壓力去推翻「羅伊訴韋德案」。先是列根行政分支，接着是老布殊行政分支，在五個不同的場合，都要求最高法院推翻這一判決。1980年的共和黨全國大會，首次呼籲任命「尊重傳統家庭價值觀和無辜者生命神聖性」的法官。之後十年間，隨着新任命的大法官陸續到任，最高法院內部支持維護墮胎權的多數優勢逐漸減小，看似消失。

　　以上就是1992年總統大選前夕，最高法院受理一起挑戰賓夕法尼亞州限制墮胎法的案件時的背景。大家都清楚，這起案件其實是推翻「羅伊訴韋德案」的潛在載體。投票結果似乎也可以預見。但是，幾乎令所有人大跌眼鏡的是，最高法院拒絕這麼做，而是以5票對4票，在這起名為「賓州計劃生育聯盟東南分部訴凱西案」（*Planned Parenthood of Southeastern Pennsylvania v. Casey*）的案件中重申了「羅伊案」的「判決精髓」。[2]

2　「賓州計劃生育聯盟東南分部訴凱西案」：該案由賓州一部法律引發，這部法律要求醫生必須向打算墮胎的婦女介紹墮胎程序的性質、胎兒的發育情況、墮胎的替代措施，之後這些婦女必須再等待24小時。除此之外，未成年人打算墮胎時，必須徵求父母一方的同意；已婚婦女必須把墮胎意圖告訴丈夫，否則將面臨一年監禁。反墮胎組織原本打算借此案促成最高法院推翻著名的「羅伊訴韋德案」，但最高法院以5票對4票挫敗了反墮胎者的努力，奧康納、肯尼迪、蘇特代表最高法院撰寫了多數方意見。關於此案詳情，以及三位大法官「聯手」主導「凱西案」判決的經過，參見[美]傑弗里·圖賓：《九人：美國最高法院風雲》，何帆譯，上海三聯書店2010年版，第37–68頁。

這份非同尋常的判決意見，由奧康納、肯尼迪和蘇特三位大法官聯袂撰寫——三人都是1980年之後由共和黨總統任命的——其中提到了最高法院承受的壓力，介紹了為什麼「機構完整性原則」要求重申「羅伊訴韋德案」的判決。三位大法官寫道，「如果推翻（『羅伊案』）判決，將會付出巨大代價」，這麼做「將嚴重削弱最高法院施展司法權力的能力和作為致力於法治事業的一國最高審級法院的功能」。

三人聯合撰寫的判決意見充分展示了最高法院對自身與民意關係的立場，有必要大段援引如下：

> 憲法授予聯邦司法系統，尤其是授予最高法院的權力，是美國政府權力根源的最佳展現。正如每一代美國人都被正確告知的，對最高法院判決的支持是花錢也買不來的，而且，除非在極小程度內，它也不能獨自強迫人們遵守其命令。最高法院的權力，來自它的正當性，這種正當性既寓於實體也寓於感知，它體現在法官對法律含義的解釋和法律要求的宣示能夠被廣大人民所接受。

判決接著指出，「如果缺乏最令人信服的理由，就在攻擊之下重新檢視並推翻一個具有分水嶺意義的判決，將引發最嚴重的問題，損害最高法院的合法性」。判決繼續寫道：

一旦作出維持前後一致這一承諾，只要支持該判決的力量依然存在，對問題的理解沒有發生根本變化到足以使這個承諾過時，作出承諾者就仍然受到約束……

在目前的條件下，推翻「羅伊案」的核心判決是錯誤的，這個錯誤會深入且毫無必要地損害最高法院的合法性，也會影響整個國家踐行法治。因此，確有必要堅持「羅伊案」原判決的核心內容，我們今天也正是這麼做的。

「凱西案」判決不僅在外部存在持續批評之聲，在最高法院內部也招致強烈異議。它沒有像三位大法官明確期盼的那樣，緩解最高法院受到的壓力，或者讓那些尋求推翻「羅伊案」的人止步。儘管在語氣上局促不安，甚至略有些反應過頭，這起案件的判決仍然是公眾心目中最高法院回應對自身合法性的威脅的精彩範例。

「凱西案」判決並不存在什麼微妙難解的地方。它涉及最高法院熟悉的議題，法院知道支持和攻擊分別來自哪裏。但是，假設某個議題相對比較新穎，或者是在新的或陌生的背景下訴至最高法院，大法官們又該從何處獲取他們所缺乏的知識呢？

答案很明顯：相關知識來自各方當事人，以及他們在庭審之前提交的訴狀。與調卷複審令申請存在字

數限制（9000字）一樣，一旦案件被批准受理，各方當事人提交的基於事實真相的訴狀也有字數限制（每方15 000字，申請方提交的答辯狀為額外6000字）。通常情況下，各方當事人幾乎都會窮盡所有給定的篇幅，陳述案件背景和法律論點。但是，幾乎沒有空間留給大法官們最想知道的信息：更宏大的背景，判決對一方當事人或另一方當事人的可能影響。

這時候，就需要「amicus curiae」，也即「法庭之友」意見書發揮作用了。只要雙方當事人相互同意對方的「盟友名單」，各方「朋友」數量不設上限，幾乎在所有案件中，當事人都會同意對方的名單。（如果雙方當事人對此存在爭議，最高法院也可以自行批准「法庭之友」意見書的提交。）這個「法庭之友」當然主要是指意見書所支持那一方的朋友，但「法庭之友」的説法，絕非名不副實。一份信息翔實的「法庭之友」意見書可以為大法官們提供幫助，這類意見書的篇幅一般限制在9000字以內，內容並非重複當事人的訴狀，而是提供對訴狀有補充作用的有益且相關的信息。奧康納大法官在「密歇根大學法學院招生案」中對「法庭之友」意見書的信賴，充分説明了這類意見書的重要性。出庭律師也充分重視一份出色的「法庭之友」意見書可能起到的幫助作用，這類意見書的數量已比過去大幅增加。當年，即使在「羅伊訴韋德案」中，各方人士也只提交了15份「法庭之友」意見

書，如今，隨便一起案件至少也會收到這麼多意見書，重要案件則會收到幾十份。利益集團一般會在涉及自身利益領域的案件上，用「法庭之友」意見書表明公共立場。意見書隨後可能會被分發給利益集團成員或潛在的捐助者，表明集團也成為最高法院訴訟活動的參與者。

代表聯邦政府在最高法院的許多案件中出庭的首席政府律師辦公室，也經常提交「法庭之友」意見書，他們會在某些不直接涉及政府的案件中，提醒大法官注意案件對聯邦事務可能產生的影響。為了評估提交意見書是否恰當，首席政府律師辦公室設有一套機制，瞭解正在審理的非聯邦案件可能涉及哪個聯邦機構的利益。但是，沒有任何機制是完美的，這套機制最近的一次運作失靈顯示，如果大法官無意間依靠了片面信息，將導致什麼樣的後果。

2008年宣判的「肯尼迪訴路易斯安那州案」（*Kennedy v. Louisiana*），涉及對姦淫兒童但又未傷人命者適用死刑是否合憲的問題。數年前的1977年，死刑恢復執行後不久，最高法院曾在「庫克訴佐治亞州案」（*Coker v. Georgia*）中判定，判處強姦成年女性者死刑違反憲法。路易斯安那州是少數幾個試圖將死刑適用範圍從謀殺罪擴張到姦淫兒童罪的州之一。那麼，對姦淫兒童罪適用死刑是不是屬憲法第八修正案禁止的「殘酷且異常的刑罰」呢？

與對待其他明確挑戰死刑的案件一樣，最高法院調查了各州對類似案件量刑的整體情況。鑒於全國僅有六個州對姦淫兒童者適用死刑，最高法院的多數方判定，反對在這種情形下適用死刑已構成「全國共識」。大法官們最終以5票對4票宣佈路易斯安那州相關法律違憲。肯尼迪大法官撰寫的多數方意見指出，1990年代，國會擴大了死刑在聯邦層面的適用範圍，但沒有一起涉及姦淫兒童案。這一說法大大加強了多數方的意見。

　　但是，這一說法並不正確。無論是當事人，還是首席政府律師，又或任何一位「法庭之友」，都沒有注意到，就在兩年前，國會已將《軍事審判統一法典》管轄的軍人姦淫兒童的行為列為可判處死刑的罪行。這一令人尷尬的事實直到最高法院正式宣判之後，進入夏季休庭期才被發現。路易斯安那州政府和首席政府律師辦公室都提交訴狀，請求最高法院重審此案。訴狀流轉了幾週時間。最終，最高法院宣佈維持之前的判決內容。

　　除了在許多方面給機構帶來困窘，信息失誤還有一個特別的諷刺之處。最高法院對憲法第八修正案的司法立場，很大程度上取決於大法官們對法律所反映的民意的評估方式。一個明顯「異常」的刑罰，其合憲性也會受到質疑。秉持這一標準，最高法院已宣佈對犯有謀殺罪行的智障者（2002年的「阿特金斯訴弗吉

尼亞州案」*Atkins v. Virginia*)和未成年人(2005年的「羅珀訴西蒙斯案」*Roper v. Simmons*)適用死刑是違憲的。但是,這類分析必須依靠準確的資訊。最高法院十分注重民意,但它無法解讀公眾的內心。與我們大多數人一樣,大法官們只知道他們瞭解的事物或者別人告訴他們的事物。

第八章
最高法院與世界

　　獨立後的最初十年，新成立的合眾國的部分立法者和領袖們，迫切希望國家的法律制度能遠離腐朽沒落的歐洲舊制度。從1799年到1810年，新澤西州、肯塔基州、賓夕法尼亞州先後立法，禁止州法院援引英國法院自1776年7月4日之後作出的判決。托馬斯·傑弗遜在私人通信裏，也支持在美國法院中拋棄英國法的做法。

　　但是，即便在此時期，美國人對外國法的態度也很騎牆，並非普遍敵視。畢竟，《獨立宣言》第一段就談到「對人類公意的尊重」。《聯邦論》也提到過500多個外國地名。早期最高法院的判決中，包含大量對外國法律文獻的參考；對拿破崙在法國進行的法律改革的介紹，也流傳甚廣。進入20世紀，美國人已頗為自豪地發現，歐洲國家正紛紛依循美國模式，接受憲法法院的觀念，憲法法院有權判定違反國家基本憲章的立法無效。當憲法法院開始在「二戰」或「冷戰」之後新成立的民主國家發揮作用時，法官普遍會援引美國最高法院的判決先例。

不過，儘管美國最高法院受到廣泛尊重，沒有一個國家是簡單照搬美國經驗的。制憲先賢並沒有什麼實踐經驗來作為指導，但這些新憲政制度的設計者們可以衡量美國經驗的優勢和缺陷。他們作出的抉擇極具啟發性。

　　例如，世界上沒有國家施行法官終身任職制。不得續任的單屆任期制是最常見的模式。意大利憲法法院的15位大法官任期為9年，德國聯邦憲法法院的16位大法官任期為12年。南非憲法法院是1994年根據廢止種族隔離政策後的憲法設立的，它的11位大法官任期為12年。

　　完整羅列世界各國憲法法院法官的任期將超出本書範疇，上述例子已可表明，其他國家並不打算套用美國模式，推行法官終身任職制。美國法官，甚至是下級法院法官的遴選過程中，都會發生「確認大戰」，並非巧合的是，這種情況在其他國家基本上見不到。[1] 這在很大程度上要歸因於各國遴選、確認法官的規則有所不同。例如，在德國，確認法官需要議會三分之二的多數通過，這樣的規則要求遴選程序從啟動伊始，就必須達成有效的政治妥協。但是，通過任

1　確認大戰（confirmation battles）：主要指參議院內與總統不在同一陣營的參議員，為抵制總統提名的聯邦法官人選，採取的一系列反對措施。在參議院，總統提名的法官人選只需要一半人投票贊成，就可以通過確認。

期限制實現的定期輪換，可以避免某一階段的執政黨過久地控制司法系統，進而降低鬥爭的激烈程度。

歐洲國家的法院，至少還有另一項不同之處，即傾向於以全體一致的形式發佈判決。單獨發佈的意見是不受歡迎的，在某些國家甚至被明令禁止。法官若獲准發表異議觀點，通常會被要求匿名。言詞辯論也非常少見。總體來說，這些規則讓法官不大可能成為公眾人物或者各持己見的人。

單純進行制度上的比較，當然是不充分的，因為不同的實體法和國內政治背景下衍生出來的制度，明顯存在很大區別。上述變量，再加上一些外國法院的司法立場更趨自由化，而美國法院卻越來越保守化，解釋了為何美國近些年來會出現爭議，質疑聯邦法官在本國判決中援引外國法院判決的適當性。斯卡利亞大法官和羅伯茨首席大法官曾經抱怨，援引外國法律，就像從人群中挑選自己的盟友 —— 專挑那些能夠迎合自己想要的結果的判決。[2]

批評意見主要集中在最高法院2002年到2005年間發佈的三個判決上。三個判決都推動了法律的進步，多數方意見全部援引了外國法院或法官的觀點。這些外來資源顯然不是被援引來作為判定美國憲法含義的決定因素的，也不可能是決定因素。但是，涉及如何在人類尊嚴觀不斷演進的全球化背景下解釋憲法的

2　這裏的「外國法律」，泛指國際公約、外國立法或外國法院的判決。

圖11　1993年1月27日，人們在最高法院門外等候，列隊向擺放在最高
法院大廳的馬歇爾大法官的靈柩致敬

問題，光是提到外國法律淵源本身，就足以激怒某些人。其中兩個判決涉及死刑。2002年，最高法院在「阿特金斯訴弗吉尼亞州案」中判定，憲法第八修正案禁止殘酷與異常刑罰的條款，反對處決患有智障的罪犯。多數方提到了歐盟代表被告方提交的一則意見書。三年後，最高法院又在「羅珀訴西蒙斯案」中，禁止處決被判犯下死罪的18歲以下的人。在這起案件中，多數方除援引美國壓根兒沒有批准的《聯合國兒童權利公約》，還援引了歐洲提交的「法庭之友」意見書。

在上述兩個判決之間，最高法院還於2003年在「勞倫斯訴德克薩斯州案」（*Lawrence v. Texas*）中，判定德州一項將男同性戀性行為入罪的法律違憲。這份判決不僅推翻了一個存在了17年的先例（即1986年的「鮑爾斯訴哈德威克案」*Bowers v. Hardwick*），而且成為同性戀權利在憲法上的轉折點。多數方意見援引了英國1967年使雞姦行為合法化的法律，以及歐洲人權法院1981年作出的一項類似判決。

這些判決激起國會保守派勢力的強烈反對。2004年，「阿特金斯案」和「勞倫斯案」宣判後，眾議院司法委員會主席、來自威斯康星州的共和黨人詹姆斯·森森布倫納，對在最高法院召開春季例會的司法聯席會議成員發表了演說。這位議員對倫奎斯特首席大法官和其他法官說道：「司法機構對外國法律或法

院判決的不當追隨，已經威脅到美國主權，動搖了國父們精心設計的三權分立制度，並可能損害美國司法程序的正當性。」他警告說，國會應盡快審議這一議題。國會其他共和黨人也發出彈劾威脅，警告稱：他們認為引用外國法律的法官違反了憲法第三條關於「品行端正」的要求。

這些爭議似乎沒能改變最高法院任何人的想法。贊成適用外國法律資源的大法官一如既往，反對者們照樣批評。彈劾動議逐漸式微，國會議員的注意力已轉向其他目標。無法確定的是，在華盛頓法律界和政治圈熱議此事的那幾個月，公眾甚至是否注意到了這場爭論。

然而，顯而易見的是，即使大部分人對最高法院都不甚了解，甚至從來沒有讀過一份最高法院判決，最高法院仍在公共想像空間中佔有一席之地。1932年，最高法院大樓奠基時，成千上萬的人趕赴現場，慶祝最高法院擁有了姍姍來遲的辦公場所。1993年一個寒冷的冬夜裏，人們站在最高法院門外等候，只為從瑟古德·馬歇爾大法官的靈柩旁走過，他們也是在 —— 以自己的方式 —— 讚頌這位曾以律師身份觸動過最高法院，並擔任過大法官的人的一生。其他國家根據自身需要，調整本國憲法法院制度時，既會從美國最高法院身上尋找正面榜樣，也會從中尋找反面鏡鑒，美國最高法院仍是他們心目中無法繞過的圖景。

而這正是制憲先賢們的內心期盼。在最高法院早期的里程碑判決（即1816年的「馬丁訴亨特的租戶案」*Martin v. Hunter's Lessee*）中，約瑟夫·斯托里大法官指出，最高法院行使的裁判權力，是「作出其他國家都十分感興趣的正確判決」[3]。時至今日，他們仍在這麼做。

3　「馬丁訴亨特的租戶案」：最高法院1816年作出的一起維護聯邦權力的著名判決。獨立戰爭期間，弗吉尼亞政府沒收了原屬英國貴族費爾法克斯勳爵的一塊土地。戰後，弗吉尼亞將部分土地贈給戴維·亨特，費爾法克斯勳爵的繼承人馬丁根據《美英和約》及1795年的《傑伊條約》，要求重新獲得上述土地的所有權，弗吉尼亞州上訴法院作出了對馬丁不利的裁決，但被最高法院推翻，由此引起弗吉尼亞州「州權至上主義者」對《司法法》第二十五條的質疑。由於父親曾是費爾法克斯勳爵在美國的地產代理人，馬歇爾首席大法官主動申請迴避，判決由斯托里大法官主筆。斯托里大法官在本案中判定《司法法》第二十五條沒有侵害州權，強調了最高法院作為國家最高司法機構，代表國家行使司法權，維護人民主權的重要職能。

附錄1
美國憲法第三條

第一款　聯邦司法權，由一所最高法院和國會因時設立的下級法院行使。最高法院和下級法院的法官，若品行端正，應終身任職，按期領取服務薪酬，在其持續任職期間，薪酬不得削減。

第二款　司法權的適用範圍，應延伸到由憲法、聯邦法律、聯邦已經締結或即將締結的條約引發的一切普通法和衡平法案件；涉及大使、公使和領事的所有案件；所有涉及海事裁判權及海上裁判權的案件；聯邦為一方當事人的訟爭；兩州或多州之間的訟爭；一州與另一州公民之間的訟爭；不同州公民之間的訟爭；同一州公民因持有不同州頒發的地契而引起的土地訟爭；一州或其公民與外國政府、公民或其屬民之間的訟爭。

對於所有涉及大使、公使、領事的案件和州為一方當事人的案件，最高法院有初審管轄權。對於上述案件之外的其他案件，在事實和法律層面，最高法院都有上訴管轄權，包括事實審和法律審，但國會可以制定規則，設定例外情形。

除彈劾案外，所有犯罪均應由陪審團審判，且審判應在犯罪行為發生的州進行，如果犯罪行為發生地不屬任何州，審判應在國會立法指定的某地或多地進行。

第三款　只有對聯邦作戰、叛投聯邦的敵人、為敵人提供資助和便利者，才能構成叛國罪。無論何人，若非經由兩個證人證明其公然叛國的行為，或其本人在公開法庭認罪，均不得被判處叛國罪。

　　國會有權宣佈對叛國罪的刑罰，但是，因叛國而被褫奪公權者，其血親不受連累，其在世期間，財產不得充公。

附錄2
《最高法院訴訟規則》
節選自2010年2月生效的新規則

第十條　根據調卷複審令狀進行複審時的考慮事項

　　對調卷複審令狀的審查並非基於權利，而是基於司法裁量權。調卷複審令狀申請只有具備確有必要的事由才會被批准。下列情形，儘管並非主導或完全符合最高法院裁量標準，但表明了最高法院考慮事由的特點：

　　(a)一家聯邦上訴法院，就同一項重要問題，與另一家聯邦上訴法院作出了內容衝突的判決；就一項重要的聯邦問題作出的判決，與一家州終審法院作出的判決存在衝突；做法或者嚴重偏離公認和慣常的訴訟程序軌道；或者認可了下級法院上述做法，必須由本院行使監督權；

　　(b)一家州終審法院，就一項重要的聯邦問題，與另一家州終審法院或一家聯邦上訴法院作出了內容衝突的判決；

　　(c)一家州法院或者一家聯邦上訴法院，就一項還未由本院解決，但應當由本院解決的重要聯邦法律問

題作出了判決，或者就一項重要的聯邦問題作出的判決與本院相關判決存在衝突。

如果調卷複審令狀申請請求糾正的錯誤主要是事實認定錯誤，或者法律適用錯誤，該申請將很難得到批准。

第十三條　根據調卷複審令狀進行複審：申請時限

1. 除非法律有其他規定，針對一家州終審法院或者一家聯邦上訴法院(包括美國軍事上訴法院)作出的任何民事、刑事判決發出的調卷複審令狀申請，必須在宣判後90日內提交至本院書記官……

2. 書記官將拒絕接受任何超過訴訟管轄時限的調卷複審令狀申請……

3. 調卷複審令狀申請的提交時限從被要求複審的判決或指令作出之日起算……

5. 大法官基於正當事由，可以延長提交調卷複審令狀申請的時限，但不得超過60日……不提倡申請延期提交調卷複審令狀申請的做法。

第十四條　調卷複審令狀申請的內容

1. 調卷複審令狀申請應包括如下內容，依次是：

(a)提請複審的問題，要簡明扼要陳述案情，捨棄

不必要的細節。問題應力求簡短，切忌長篇大論或囉唆重複。……問題應列在封面之後的首頁，這一頁不得出現任何其他信息。對任何問題的陳述被視為明確包含了所有從屬性問題。最高法院只考慮申請提出或明確包含的問題……

3. 調卷複審令狀申請的語言應當簡潔、平實……

4. 如果申請人不能精確、簡短、明晰地提出請求，並使之得到及時和充分的理解，本院完全可以據此駁回申請。

第二十八條　言詞辯論

1. 言詞辯論應根據是非曲直強調和釐清書面訴狀中的訴訟要點。出庭律師應假定全體大法官已在言詞辯論前讀過訴狀。不提倡在言詞辯論中宣讀事先擬好的文稿……

Nominating President/Justice	Oath Taken	Term End	Yrs. of Service
George Washington			
John Jay*	Oct. 19, 1789	R June 29, 1795	6
John Rutledge	Feb. 15, 1790	R Mar. 5, 1791	1
William Cushing	Feb. 2, 1790	D Sept. 13, 1810	21
James Wilson	Oct. 5, 1789	D Aug. 21, 1798	9
John Blair	Feb. 2, 1790	R Oct. 25, 1795	6
James Iredell	May 12, 1790	D Oct. 20, 1799	9
Thomas Johnson*	Aug. 6, 1792	R Jan. 16, 1793	1
William Paterson	Mar. 11, 1793	D Sept. 9, 1806	13
John Rutledge*†	Aug. 12, 1795	R Dec. 15, 1795	.3
Samuel Chase	Feb. 4, 1796	D June 19, 1811	15
Oliver Ellsworth	Mar. 8, 1796	R Dec. 15, 1800	4
John Adams			
Bushrod Washington	Feb. 4, 1799	D Nov. 26, 1829	31
Alfred Moore	Apr. 21, 1800	R Jan. 26, 1804	4
John Marshall*	Feb. 4, 1801	D July 6, 1835	34

* = chief justice; † = nomination for promotion to chief justice (years of service, where applicable, are as chief justice only; see prior listing for nomination and service as associate justice); D = died; P = promoted to chief justice (see separate listing for service as chief justice); R = retirement/resignation.

附錄3
大法官年表[1]

提名的總統/大法官	宣誓就職日	任期結束日	任職年限
喬治·華盛頓			
約翰·傑伊*	1789.10.19	R 1795.6.29	6
約翰·拉特利奇	1790.2.15	R 1791.3.5	1
威廉·庫欣	1790.2.2	D 1810.9.13	21
詹姆斯·威爾遜	1789.10.5	D 1798.8.21	9
約翰·布萊爾	1790.2.2	R 1795.10.25	6
詹姆斯·艾爾德爾	1790.5.12	D 1799.10.20	9
托馬斯·約翰遜	1792.8.6	R 1793.1.16	1
威廉·佩特森	1793.3.11	D 1806.9.9	13
約翰·拉特利奇*†	1795.8.12	R 1795.12.15	0.3
塞繆爾·蔡斯	1796.2.4	D 1811.6.19	15
奧利弗·埃爾斯沃思*	1796.3.8	R 1800.12.15	4
約翰·亞當斯			
布什羅德·華盛頓	1799.2.4	D 1829.11.26	31
艾爾弗雷德·穆爾	1800.4.21	R 1804.1.26	4
約翰·馬歇爾*	1801.2.4	D 1835.7.6	34

1　*=首席大法官;†=從聯席大法官任上被晉升為首席大法官(任職年限僅指擔任首席大法官的年限,之前擔任聯席大法官的時間列在前面);D=死亡;P=晉升為首席大法官(擔任首席大法官的時間單列);R=退休或辭職。

Nominating President/ Justice	Oath Taken	Term End	Yrs. of Service
Thomas Jefferson			
William Johnson	May 7, 1804	D Aug. 4, 1834	30
H. Brockholst Livingston	Jan. 20, 1807	D Mar. 18, 1823	16
Thomas Todd	May 4, 1807	D Feb. 7, 1826	19
James Madison			
Joseph Story	Feb. 3, 1812	D Sept. 10, 1845	34
Gabriel Duvall	Nov. 23, 1811	R Jan. 14, 1835	23
James Monroe			
Smith Thompson	Sept. 1, 1823	D Dec. 18, 1843	20
John Quincy Adams			
Robert Trimble	June 16, 1826	D Aug. 25, 1828	2
Andrew Jackson			
John McLean	Jan. 11, 1830	D Apr. 4, 1861	32
Henry Baldwin	Jan. 18, 1830	D Apr. 21, 1844	14
James M. Wayne	Jan. 14, 1835	D July 5, 1867	32
Roger B. Taney*	Mar. 28, 1836	D Oct. 12, 1864	28
Philip P. Barbour	May 12, 1836	D Feb. 25, 1841	5
John Catron	May 1, 1837	D May 30, 1865	28
Martin Van Buren			
John McKinley	Jan. 9, 1838	D July 19, 1852	15
Peter V. Daniel	Jan. 10, 1842	D May 31, 1860	19
John Tyler			
Samuel Nelson	Feb. 27, 1845	R Nov. 28, 1872	27

托馬斯・傑弗遜

威廉・約翰遜	1804.5.7	D 1834.8.4	30
布羅克霍斯特・利文斯頓	1807.1.20	D 1823.3.18	16
托馬斯・托德	1807.5.4	D 1826.2.7	19

詹姆斯・麥迪遜

約瑟夫・斯托里	1812.2.3	D 1845.9.10	34
加布里埃爾・杜瓦爾	1811.11.23	R 1835.1.14	23

詹姆斯・門羅

史密斯・湯普森	1823.9.1	D 1843.12.18	20

約翰・昆西・亞當斯

羅伯特・特林布爾	1826.6.16	D 1828.8.25	2

安德魯・傑克遜

約翰・麥克萊恩	1830.1.11	D1861.4.4	32
亨利・鮑德溫	1830.1.18	D 1844.4.21	14
詹姆斯・M.韋恩	1835.1.14	D 1867.7.5	32
羅傑・B.坦尼*	1836.3.28	D 1864.10.12	28
菲利普・P.巴伯	1836.5.12	D 1841.2.25	5
約翰・卡特倫	1837.5.1	D 1865.5.30	28

馬丁・范布倫

約翰・麥金利	1838.1.9	D 1852.7.19	15
彼得・V.丹尼爾	1842.1.10	D 1860.5.31	19

約翰・泰勒

塞繆爾・納爾遜	1845.2.27	R 1872.11.28	27

Nominating President/Justice	Oath Taken	Term End	Yrs. of Service
James K. Polk			
Levi Woodbury	Sept. 23, 1845	D Sept. 4, 1851	5
Robert C. Grier	Aug. 10, 1846	R Jan. 31, 1870	23
Millard Fillmore			
Benjamin R. Curtis	Oct. 10, 1851	R Sept. 30, 1857	5
Franklin Pierce			
John A. Campbell	Apr. 11, 1853	R Apr. 30, 1861	8
James Buchanan			
Nathan Clifford	Jan. 21, 1858	D July 25, 1881	23
Abraham Lincoln			
Noah H. Swayne	Jan. 27, 1862	R Jan. 24, 1881	19
Samuel F. Miller	July 21, 1862	D Oct. 13, 1890	28
David Davis	Dec. 10, 1862	R Mar. 4, 1877	14
Stephen J. Field	May 20, 1863	R Dec. 1, 1897	34
Salmon P. Chase*	Dec. 15, 1864	D May 7, 1873	8
Ulysses S. Grant			
William Strong	Mar. 14, 1870	R Dec. 14, 1880	10
Joseph P. Bradley	Mar. 23, 1870	D Jan. 22, 1892	21
Ward Hunt	Jan. 9, 1873	R Jan. 27, 1882	9
Morrison R. Waite*	Mar. 4, 1874	D Mar. 23, 1888	14
Rutherford B. Hayes			
John Marshall Harlan	Dec. 10, 1877	D Oct. 14, 1911	34
William B. Woods	Jan. 5, 1881	D May 14, 1887	6

詹姆斯·K.波爾克

利瓦伊·伍德伯里	1845.9.23	D 1851.9.4	5
羅伯特·C.格里爾	1846.8.10	R 1870.1.31	23

米勒德·菲爾莫爾

本傑明·R.柯蒂斯	1851.10.10	R 1857.9.30	5

富蘭克林·皮爾斯

約翰·A.坎貝爾	1853.4.11	R 1861.4.30	8

詹姆斯·布坎南

內森·克利福德	1858.1.21	D 1881.7.25	23

亞伯拉罕·林肯

諾亞·H.斯溫	1862.1.27	R 1881.1.24	19
塞繆爾·F.米勒	1862.7.21	D 1890.10.13	28
戴維·戴維斯	1862.12.10	R 1877.3.4	14
斯蒂芬·J.菲爾德	1863.5.20	R 1897.12.1	34
薩蒙·P.蔡斯*	1864.12.15	D 1873.5.7	8

尤利塞斯·S.格蘭特

威廉·斯特朗	1870.3.14	R 1880.12.14	10
約瑟夫·P.布拉德利	1870.3.23	D 1892.1.22	21
沃德·亨特	1873.1.9	R 1882.1.27	9
莫里森·R.韋特*	1874.3.4	D 1888.3.23	14

盧瑟福·B.海斯

約翰·馬歇爾·哈倫	1877.12.10	D 1911.10.14	34
威廉·B.伍茲	1881.1.5	D 1887.5.14	6

Nominating President/Justice	Oath Taken	Term End	Yrs. of Service
James Garfield			
Stanley Matthews	May 17, 1881	D Mar. 22, 1889	7
Chester A. Arthur			
Horace Gray	Jan. 9, 1882	D Sept. 15, 1902	20
Samuel Blatchford	Apr. 3, 1882	D July 7, 1893	11
Grover Cleveland			
Lucius Q. C. Lamar	Jan. 18, 1888	D Jan. 23, 1893	5
Melville W. Fuller*	Oct. 8, 1888	D July 4, 1910	22
Benjamin Harrison			
David J. Brewer	Jan. 6, 1890	D Mar. 28, 1910	20
Henry B. Brown	Jan. 5, 1891	R May 28, 1906	15
George Shiras Jr.	Oct. 10, 1892	R Feb. 23, 1903	10
Howell E. Jackson	Mar. 4, 1893	D Aug. 8, 1895	2
Grover Cleveland			
Edward D. White	Mar. 12, 1894	P Dec. 18, 1910	17
Rufus W. Peckham	Jan. 6, 1896	D Oct. 24, 1909	13
William McKinley			
Joseph McKenna	Jan. 26, 1898	R Jan. 5, 1925	26
Theodore Roosevelt			
Oliver Wendell Holmes	Dec. 8, 1902	R Jan. 12, 1932	29
William R. Day	Mar. 2, 1903	R Nov. 13, 1922	19
William H. Moody	Dec. 17, 1906	R Nov. 20, 1910	3
William Howard Taft			
Horace H. Lurton	Jan. 3, 1910	D July 12, 1914	4

詹姆斯·加菲爾德

斯坦利·馬修斯	1881.5.17	D1889.3.22	7

切斯特·A.阿瑟

霍勒斯·格雷	1882.1.9	D 1902.9.15	20
塞繆爾·布拉奇福德	1882.4.3	D 1893.7.7	11

格羅弗·克利夫蘭

盧修斯·Q.C.拉馬爾	1888.1.18	D 1893.1.23	5
梅爾維爾·W.富勒*	1888.10.8	D 1910 .7.4	22

本傑明·哈里森

戴維·J.布魯爾	1890.1.6	D 1910.3.28	20
亨利·B.布朗	1891.1.5	R 1906.5.28	15
小喬治·夏伊拉斯	1892.10.10	R 1903.2.23	10
豪厄爾·E.傑克遜	1893.3.4	D 1895.8.8	2

格羅弗·克利夫蘭

愛德華·D.懷特	1894.3.12	P 1910.12.18	17
魯弗斯·W.佩卡姆	1896.1.6	D 1909.10.24	13

威廉·麥金利

約瑟夫·麥克納	1898.1.26	R 1925.1.5	26

西奧多·羅斯福

奧利弗·溫德爾·霍姆斯	1902.12.8	R 1932.1.12	29
威廉·R.戴	1903.3.2	R 1922.11.13	19
威廉·H.穆迪	1906.12.17	R 1910.11.20	3

威廉·霍華德·塔夫脫

霍勒斯·H.勒頓	1910.1.3	D 1914.7.12	4

Nominating President/Justice	Oath Taken	Term End	Yrs. of Service
Charles E. Hughes	Oct. 10, 1910	R June 10, 1916	6
Edward D. White*†	Dec. 19, 1910	D May 19, 1921	10
Willis Van Devanter	Jan. 3, 1911	R June 2, 1937	26
Joseph R. Lamar	Jan. 3, 1911	D Jan. 2, 1916	5
Mahlon Pitney	Mar. 18, 1912	R Dec. 31, 1922	10
Woodrow Wilson			
James C. McReynolds	Oct. 12, 1914	R Jan. 31, 1941	26
Louis D. Brandeis	June 5, 1916	R Feb. 13, 1939	22
John H. Clarke	Oct. 9, 1916	R Sept. 18, 1922	6
Warren G. Harding			
William H. Taft*	July 11, 1921	R Feb. 3, 1930	8
George Sutherland	Oct. 2, 1922	R Jan. 17, 1938	15
Pierce Butler	Jan. 2, 1923	D Nov. 16, 1939	17
Edward T. Sanford	Feb. 19, 1923	D Mar. 8, 1930	7
Calvin Coolidge			
Harlan F. Stone	Mar. 2, 1925	P July 2, 1941	16
Herbert Hoover			
Charles E. Hughes*†	Feb. 24, 1930	R June 30, 1941	11
Owen J. Roberts	June 2, 1930	R July 31, 1945	15
Benjamin N. Cardozo	Mar. 14, 1932	D July 9, 1938	6
Franklin Delano Roosevelt			
Hugo L. Black	Aug. 19, 1937	R Sept. 17, 1971	34
Stanley F. Reed	Jan. 31, 1938	R Feb. 25, 1957	19
Felix Frankfurter	Jan. 30, 1939	R Aug. 28, 1962	23

查爾斯·E.休斯	1910.10.10	R 1916.6.10	6
愛德華·D.懷特*†	1910.12.19	D 1921.5.19	10
威利斯·范德文特	1911.1.3	R 1937.6.2	26
約瑟夫·R.拉馬爾	1911.1.3	D 1916.1.2	5
馬倫·皮特尼	1912.3.18	R 1922.12.31	10

伍德羅·威爾遜

詹姆斯·C.麥克雷諾茲	1914.10.12	R 1941.1.31	26
路易斯·D.布蘭代斯	1916.6.5	R 1939.2.13	22
約翰·H.克拉克	1916.10.9	R 1922.9.18	6

沃倫·G.哈定

威廉·H.塔夫脱*	1921.7.11	R 1930.2.3	8
喬治·薩瑟蘭	1922.10.2	R 1938.1.17	15
皮爾斯·巴特勒	1923.1.2	D 1939.11.16	17
愛德華·T.桑福德	1923.2.19	D 1930.3.8	7

卡爾文·柯立芝

哈倫·F.斯通	1925.3.2	P 1941.7.2	16

赫伯特·胡佛

查爾斯·E.休斯*†	1930.2.24	R 1941.6.30	11
歐文·J.羅伯茨	1930.6.2	R 1945.7.31	15
本傑明·N.卡多佐	1932.3.14	D 1938.7.9	6

富蘭克林·D.羅斯福

雨果·L.布萊克	1937.8.19	R 1971.9.17	34
斯坦利·F.里德	1938.1.31	R 1957.2.25	19
菲利克斯·法蘭克福特	1939.1.30	R 1962.8.28	23

Nominating President/Justice	Oath Taken	Term End	Yrs. of Service
William O. Douglas	Apr. 17, 1939	R Nov. 12, 1975	36
Frank Murphy	Feb. 5, 1940	D July 19, 1949	9
Harlan F. Stone*†	July 3, 1941	D Apr. 22, 1946	5
James F. Byrnes	July 8, 1941	R Oct. 3, 1942	1
Robert H. Jackson	July 11, 1941	D Oct. 9, 1954	13
Wiley B. Rutledge	Feb. 15, 1943	D Sept. 10, 1949	6
Harry S. Truman			
Harold H. Burton	Oct. 1, 1945	R Oct. 13, 1958	13
Fred M. Vinson*	June 24, 1946	D Sept. 8, 1953	7
Tom C. Clark	Aug. 24, 1949	R June 12, 1967	18
Sherman Minton	Oct. 12, 1949	R Oct. 15, 1956	7
Dwight D. Eisenhower			
Earl Warren*	Oct. 5, 1953	R June 23, 1969	15
John M. Harlan	Mar. 28, 1955	R Sept. 23, 1971	16
William J. Brennan Jr.	Oct. 16, 1956	R July 20, 1990	33
Charles E. Whittaker	Mar. 25, 1957	R Mar. 31, 1962	5
Potter Stewart	Oct. 14, 1958	R July 3, 1981	22
John F. Kennedy			
Byron R. White	Apr. 16, 1962	R June 28, 1993	31
Arthur J. Goldberg	Oct. 1, 1962	R July 25, 1965	3
Lyndon B. Johnson			
Abe Fortas	Oct. 4, 1965	R May 14, 1969	4
Thurgood Marshall	Oct. 2, 1967	R Oct. 1, 1991	24
Richard M. Nixon			
Warren E. Burger*	June 23, 1969	R Sept. 26, 1986	17

威廉・O.道格拉斯	1939.4.17	R 1975.11.12	36
弗蘭克・墨菲	1940.2.5	D 1949.7.19	9
哈倫・F.斯通*†	1941.7.3	D 1946.4.22	5
詹姆斯・F.伯恩斯	1941.7.8	R 1942.10.3	1
羅伯特・H.傑克遜	1941.7.11	D 1954.10.9	13
威利・B.拉特利奇	1943.2.15	D 1949.9.10	6

哈里・S.杜魯門

哈羅德・H.伯頓	1945.10.1	R 1958.10.13	13
弗雷德・M.文森*	1946.6.24	D 1953.9.8	7
湯姆・C.克拉克	1949.8.24	R 1967.6.12	18
謝爾曼・明頓	1949.10.12	R 1956.10.15	7

德懷特・D.艾森豪威爾

厄爾・沃倫*	1953.10.5	R 1969.6.23	15
約翰・M.哈倫	1955.3.28	R 1971.9.23	16
小威廉・J.布倫南	1956.10.16	R 1990.7.20	33
查爾斯・E.惠特克	1957.3.25	R 1962.3.31	5
波特・斯圖爾特	1958.10.14	R 1981.7.3	22

約翰・F.肯尼迪

| 拜倫・R.懷特 | 1962.4.16 | R 1993.6.28 | 31 |
| 阿瑟・戈德堡 | 1962.10.1 | R 1965.7.25 | 3 |

林登・B.約翰遜

| 阿貝・福塔斯 | 1965.10.4 | R 1969.5.14 | 4 |
| 瑟古德・馬歇爾 | 1967.10.2 | R 1991.10.1 | 24 |

理查德・M.尼克松

| 沃倫・E.伯格* | 1969.6.23 | R 1986.9.26 | 17 |

Nominating President/Justice	Oath Taken	Term End	Yrs. of Service
Harry A. Blackmun	June 9, 1970	R Aug. 3, 1994	24
Lewis F. Powell Jr.	Jan. 7, 1972	R June 26, 1987	16
William H. Rehnquist	Jan. 7, 1972	P Sept. 26, 1986	15
Gerald R. Ford			
John Paul Stevens	Dec. 19, 1975	R June 29, 2010	34
Ronald Reagan			
Sandra Day O'Connor	Sept. 25, 1981	R Jan. 31, 2006	24
William H. Rehnquist*†	Sept. 26, 1986	D Sept. 3, 2005	19
Antonin Scalia	Sept. 26, 1986		
Anthony M. Kennedy	Feb. 18, 1988		
George H. W. Bush			
David H. Souter	Oct. 9, 1990	R June 29, 2009	20
Clarence Thomas	Oct. 23, 1991		
William J. Clinton			
Ruth B. Ginsburg	Aug. 10, 1993		
Stephen G. Breyer	Aug. 3, 1994		
George W. Bush			
John G. Roberts Jr.	Sept. 29, 2005		
Samuel A. Alito Jr.	Jan. 31, 2006		
Barack Obama			
Sonia Sotomayor	Aug. 8, 2009		
Elena Kagan	Aug. 7, 2010		

哈里·A.布萊克門	1970.6.9	R 1994.8.3	24
小劉易斯·F.鮑威爾	1972.1.7	R 1987.6.26	16
威廉·H.倫奎斯特	1972.1.7	P 1986.9.26	15

傑拉爾德·R.福特

約翰·斯蒂文斯	1975.12.19	R 2010.6.29	34

羅納德·列根

桑德拉·戴·奧康納	1981.9.25	R 2006.1.31	24
威廉·H.倫奎斯特*†	1986.9.26	D 2005.9.3	19
安東寧·斯卡利亞	1986.9.26		
安東尼·M.肯尼迪	1988.2.18		

喬治·H.W.布殊

戴維·H.蘇特	1990.10.9	R 2009.6.29	20
克拉倫斯·托馬斯	1991.10.23		

威廉·J.克林頓

露絲·巴德·金斯伯格	1993.8.10
斯蒂芬·G.布雷耶	1994.8.3

喬治·W.布殊

小約翰·G.羅伯茨*	2005.9.29
小塞繆爾·A.阿利托	2006.1.31

巴拉克·奧巴馬

索尼婭·索托馬約爾	2009.8.8
艾琳娜·卡根	2010.8.7

專有詞語對照表

參考文獻

第一章

關於大法官巡迴審判情況的詳細介紹，參見 *The Documentary History of the Supreme Court of the United States, 1789–1800* (New York: Columbia University Press) 卷二(1989)和卷三(1990)。關於約翰‧傑伊拒絕約翰‧亞當斯邀請他重新出任首席大法官的信函，刊於亨利‧P.約翰遜編選的 *The Correspondence and Public Papers of John Jay* (New York: G. P. Putnam's Sons, 1890), 4:284–285。轉引自邁克爾‧J.卡爾曼一篇有趣的文章，即"How Great Were the 'Great' Marshall Court Decisions?", *Virginia Law Review* 87:1111, 1154, n.226.

最高法院最近一次援引約翰‧馬歇爾「決定法律是什麼」是「司法部門當仁不讓的職權與責任」的著名論斷，是在2008年的「布邁丁訴布殊案」判決中，此案判決判定國會剝奪聯邦法院審理關塔那摩灣囚犯提起的訴訟的管轄權的立法無效。肯尼迪大法官主筆的多數意見寫道：「限制政治分支單憑好惡決定是否讓憲法發揮作用的權力……將嚴重扭曲我們三權分立的政制，導致由國會和總統，而不是本院，決定『法律是什麼』。」[引自「馬伯里案」判決]

關於最高法院推翻的國會立法清單，可參見政府出版物辦公室編印的 *Constitution of the United States, Analysis and Interpretation*，在線查看網址：www/gpoaccess.gov/constitution/pdf2002/046.pdf.

第二章

《最高法院訴訟規則》第十三條規定，調卷複審令狀申請必須在下級法院「終審判決」發佈後90日內提交。如果主導某個機關的法律就某個問題的規定比較模糊，最高法院通常會尊重行政機關言之成理的解釋，這一規則是由1984年的「美國謝弗林公司訴國家資源保護委員會案」的判決確立的，也即著名的「謝弗林遵從」。

關於大法官們最初的意識形態立場隨着時間推移發生變化的例證和分析，參見李·愛潑斯坦及其合作者的文章"Ideological Drift Among Supreme Court Justices: Who, When, and How Important?" *Northwestern Law Review Colloquy* 101 (2007): 127–131。學者邁爾·C.道爾夫分析了最高法院大法官有無在行政分支工作的經歷這一前提對其意識形態變化的影響，參見"Does Federal Executive Branch Experience Explain Why Some Republican Supreme Court Justices 'Evolve' and Others Don't?", *Harvard Law & Policy Review* 1 (2007): 457–476。在道爾夫的文章中，「缺乏行政分支工作經歷」的大法官有六位：布萊克門、鮑威爾、斯蒂文斯、奧康納、肯尼迪和蘇特；「具備行政分支工作經歷」的是伯格、倫奎斯特、斯卡利亞、托馬斯、羅伯茨和阿利托。考慮到這項研究是在羅伯茨和阿利托履任之初進行的，作者強調說，「之前的事例說明，這一模式亦可適用於」他們。學者勞倫斯·鮑姆在*Judges and Their Audiences: A Perspective on Judicial Behavior* (Princeton, NJ: Princeton University Press, 2006) 一書中，將大法官候選人的籍貫作為意識形態的影響因素之一。關於這一話題，還可以參見我重點以哈里·布萊克門為例撰寫的文章"Change and Continuity on the Supreme Court," *Washington University Journal of Law and Policy* 25 (2007): 39–59。

關於彈劾道格拉斯大法官的詳情介紹，參見戴維·E.凱威基的著作 *The Age of Impeachment: American Constitutional Culture Since 1960* (Lawrence: University Press of Kansas, 2008)。

關於大法官任期終身制的爭論，參見羅傑·C.克蘭登、保羅·D.卡林頓主編的*Reforming the Courts: Term Limits for Supreme Court Justices* (Durham, NC: Carolina Academic Press, 2006) 和桑福德·列文森的著作 *Our Undemocratic Constitution: Where the Constitution Goes Wrong (And How We the People Can Correct It)* (New York: Oxford University Press, 2006)。[該書已有中譯本，即[美]桑福德·列文森：《美國不民主的憲法：憲法哪兒出毛病了(我們人民該怎樣矯正它)》，時飛譯，北京大學出版社2010年版。]

第四章

倫奎斯特大法官是吉爾伯特和沙利文的粉絲，他在克林頓彈劾案期間的那句名言，出自他最喜歡的吉爾伯特和沙利文歌劇《貴族與仙女》中的一位上議院大法官。

關於首席大法官承擔的多項職責的研究，可參見2005年「首席大法官和司法制度」研討會的文集，研討會由《賓夕法尼亞大學法律評論》主辦，書面研討記錄於2006年6月出版。參見朱迪斯‧瑞斯尼克和萊恩‧迪爾格的文章"Responding to a Democratic Deficit: Limiting the Powers and the Term of the Chief Justice of the United States", *University of Pennsylvania Law Review* 154 (2006): 1575–1664。

薩蒙‧蔡斯的話，援引自阿爾菲厄斯‧托馬斯‧梅森的文章"The Chief Justice of the United States: Primus Inter Pares", *Journal of Public Law* 17 (1968): 20–60。之後關於首席大法官的「人格因素」的影響的說法，也援引自這篇文章。

肯尼迪大法官在「林奇訴唐納利案」[原文有誤，作者指的應為「李訴威斯曼案」，第四章正文腳注中已糾正並說明。]期間寫給布萊克門大法官的信，以及其他大法官圍繞此案的通信，參見國會圖書館手稿部哈里‧A.布萊克門藏品586號盒，6號文件夾。

塔夫脫首席大法官關於1925年《司法法》的文章即"The Jurisdiction of the Supreme Court Under the Act of February 13, 1925", *Yale Law Journal* 35 (1925): 1–12。

第五章

H.W.佩里的*Deciding to Decide: Agenda Setting in the United States Supreme Court* (Cambridge, MA: Harvard University Press, 1991) 一書，詳細解釋了「防禦性駁回」這一術語的含義。[該書已有中譯本，即[美]H.W.佩里：《擇案而審：美國最高法院案件受理議程表的形成》，傅郁林、韓玉婷、高娜譯，中國政法大學出版社2010年版。]

「莫爾斯訴弗雷德里克案」涉及一位學生打出的語帶雙關的標語「為耶穌抽大麻」（Bong Hits For Jesus），關於此案的討論可參見弗雷德里克·肖爾的文章"Is It Important to Be Important? Evaluating the Supreme Court's Case-Selection Process", *Yale Law Journal Online* 119 (2009): 77–86。桑福德·列文森關於「可訴的憲法」和「剛性的憲法」的對比，參見他的文章"What Should Citizens (As Participants in a Republican Form of Government) Know About the Constitution?", *William & Mary Law Review* 50 (2009): 1239–1260.

第六章

斯蒂芬·伯班克的文章即"Judicial Independence, Judicial Accountability, and Interbranch Relations", *Georgetown Law Journal* 95 (2007): 909–927。近年關於國會與聯邦法院關係的權威著作，查爾斯·加德納·蓋耶的 *When Courts and Congress Collide: The Struggle for Control of America's Judicial System* (Ann Arbor: University of Michigan Press, 2006)一書描述了剝奪法院對爭議性事項管轄權的做法。關於現代國會對最高法院的法律類判決的反應的權威介紹，可參見小威廉·M.埃斯克里奇的文章"Overriding Supreme Court Statutory Interpretation Decisions", *Yale Law Journal* 101 (1991): 331–455。

最高法院維護切諾基人權益，並激怒安德魯·傑克遜總統的判決是1832年的「伍斯特訴佐治亞州案」。

推翻「萊德貝特訴固特異輪胎和橡膠公司案」判決的是2009年《莉莉·萊德貝特公平薪酬法》，P.L. 111–112, 123 Stat. 5 (2009)。

第七章

《司法過程的性質》原本是卡多佐1921年在耶魯大學法學院的演講內容，之後由耶魯大學出版社出版。[該書已有中譯本，即[美]本傑明·卡多佐：《司法過程的性質》，蘇力譯，商務印書館2000年版。]奧康納大法官的演講刊發稿為"Public Trust as a Dimension of Equal Justice", *Court Review* 36 (1999): 10–13。倫奎斯特首席大法官對民意的觀點來自

他的演講內容，刊發稿為"Constitutional Law and Public Opinion," *Suffolk University Law Review* 20 (1986): 751–769。

愛潑斯坦和馬丁的文章，即"Does Public Opinion Influence the Supreme Court? Possibly Yes (But We're Not Sure Why)", *University of Pennsylvania Journal of Constitutional Law* 13 (2010): 263–281。「共和國教師」的說法，來自拉爾夫‧勒納的文章，"The Supreme Court as Republican Schoolmaster", *Supreme Court Review* 1967 (1967): 127–180。關於協助自殺議題的研究，參見約書亞‧A.格林和馬修‧G.賈瑞斯撰寫的"死亡權"章節，載納撒尼爾‧普斯里、傑克‧西特林、帕特里克‧J.伊根主編的*Public Opinion and Constitutional Controversy* (New York: Oxford University Press, 2008)。後文提到的「合法化假設」的說法也來自這本書。

2005年關於公眾對法院的認識的民意調查，來自凱思林‧霍爾‧傑莫森和邁克爾‧亨尼斯的文章"Public Understanding of and Support for the Courts: Survey Results", *Georgetown Law Journal* 95 (2007): 899–902。聯邦教育部某部門最近對四年級、六年級和十二年級學生的調查顯示，在廣大學生當中，的確存在類似的令人擔憂的基礎公民知識缺失的情況，參見國家教育統計中心2011年發佈的*The Nation's Report Card: Civics 2010: National Assessment of Educational Progress at Grades 4, 6, and 12*, 電子版網址為：http://nces.ed.gov/nationsreportcard/pdf/main2010/2011466.pdf。

羅伯特‧達爾對最高法院在政治體系中的角色的評價，參見他的文章"Decision-Making in a Democracy: The Supreme Court as a National Policy-Maker", *Journal of Public Law* 6 (1957)：279–295。1972年針對人們對墮胎問題的態度進行的蓋洛普民意調查的情況，參見琳達‧格林豪斯與列娃‧西格爾合著的*Before Roe v. Wade: Voices That Shaped the Abortion Debate Before the Supreme Court's Ruling* (New York: Kaplan, 2010) 一書。關於墮胎案判決的政治後果的討論，參見琳達‧格林豪斯與列娃‧西格爾的"Before (and After) Roe v. Wade: New Questions About Backlash"，*Yale Law Journal* 120 (2011): 2028–2087。

第八章

關於托馬斯對英國法的反對態度，參見戴維·J.西普的文章"Our Law, Their Law, History, and the Citation of Foreign Law," *Boston University Law Review* 86 (2006): 1417–1446。約翰·費雷約翰和帕斯奎爾·帕斯蒂諾從當代背景入手，進行過令人獲益匪淺的比較分析，參見"Constitutional Adjudication: Lessons from Europe", *Texas Law Review* 82 (2003–2004): 1671–1704。

引證的判例

最高法院判例由政府彙編印刷，統一收入多卷本的《聯邦最高法院判例彙編》(*United States Reports*)。判決會附上卷號、頁碼作為標識。所以，對「布朗訴教育委員會案」的官方引證應當是347 U.S. 483(1954)，意味着此案判決起始頁為《聯邦最高法院判例彙編》第347卷第483頁，判決年份為1954年。最高法院剛成立的幾十年間，還沒有正式的《聯邦最高法院判例彙編》，各卷都以負責編印的判例彙編員(最初是非正式、不領薪酬的崗位)的名字命名。因此，今天我們引證「馬伯里訴麥迪遜案」的正式表述是1 Cranch (5 U.S.) 137 (1803)，因為收錄這份判決的那一卷是由最高法院第二位判例彙編員威廉·克蘭奇(William Cranch)編印的。(最高法院第一位判例彙編員是亞歷山大·J.達拉斯，其姓名縮寫常常出現在對最高法院最早的判決的引證當中。)19世紀後期，國會決定撥款刊印判例彙編系列後，"U.S."被作為早期判例彙編的卷名前綴。最高法院判決彙編員——這一正式職位的當前稱呼——目前仍負責監督準確的判決文本的發佈。

本書正文提到的判決均引證自以下判例：

Atkins v. Virginia, 536 U.S. 304 (2002)

Board of Regents, University of Alabama v. Garrett, 531 U.S. 356 (2001)

Boumediene v. Bush, 553 U.S. 723 (2008)

Bowers v. Hardwick, 478 U.S. 186 (1986)

Brown v. Board of Education, 347 U.S. 483 (1954)

Chevron U.S.A., Inc. v. Natural Resources Defense Council, 467 U.S. 837 (1984)

Chisholm v. Georgia, 2 Dall. (2 U.S.) 419 (1793)

Citizens United v. Federal Election Commission, 558 U.S. 50 (2010)

City of Boerne v. Flores, 521 U.S. 507 (1997)

Clinton v. Jones, 520 U.S. 681 (1997)

Coker v. Georgia, 433 U.S. 584 (1977)

Dickerson v. United States, 530 U.S. 428 (2000)

District of Columbia v. Heller, 554 U.S. 570 (2008)

Employment Div., Dept. of Human Resources of Oregon v. Smith, 494 U.S. 872 (1990)

Gonzales v. Raich, 545 U.S. 1 (2005)

Grutter v. Bollinger, 539 U.S. 306 (2003)

Hamdan v. Rumsfeld, 545 U.S. 557 (2006)

Hayburn's Case, 2 Dall. (2 U.S.) 409 (1792)

Kennedy v. Louisiana, 554 U.S. 407 (2008)

Kimel v. Florida Board of Regents, 528 U.S. 62 (2000)

Lawrence v. Texas, 539 U.S. 558 (2003)

Ledbetter v. Goodyear Tire & Rubber Co., Inc., 550 U.S. 618 (2007)

Lynch v. Donnelly, 505 U.S. 833 (1992)

Marbury v. Madison, 1 Cranch (5 U.S.) 137 (1803)

Martin v. Hunter's Lessee, 14 U.S. 304 (1816)

Massachusetts v. Environmental Protection Agency, 549 U.S. 497 (2007)

Miranda v. Arizona, 384 U.S. 436 (1966)

Morse v. Frederick, 551 U.S. 393 (2007)

Murphy v. United Parcel Service, Inc., 527 U.S. 516 (1999)

Nevada Dept. of Human Resources v. Hibbs, 538 U.S. 721 (2003)

Planned Parenthood of Southeastern Pennsylvania v. Casey, 505 U.S. 833 (1992)

Plessy v. Ferguson, 163 U.S. 537 (1896)

Rasul v. Bush, 542 U.S. 466 (2004)

Roe v. Wade, 410 U.S. 113 (1973)

Roper v. Simmons, 543 U.S. 551 (2005)

Scott v. Sandford, 19 How. (60 U.S.) 393 (1857)

Stuart v. Laird, 1 Cranch (5 U.S.) 299 (1803)

Sutton v. United Airlines, Inc., 527 U.S. 471 (1999)

Toyota Motor Mfg. v. Williams, 534 U.S. 184 (2002)

United States v. Lopez, 514 U.S. 549 (1995)

United States v. Morrison, 529 U.S. 598 (2000)

United States v. Nixon, 418 U.S. 683 (1974)

Worcester v. Georgia, 31 U.S. 515 (1832)

Youngstown Sheet & Tube Co. v. Sawyer , 343 U.S. 579 (1952)

延伸閱讀

一般著作

關於最高法院的歷史，較全面的單卷本著作為彼得・查爾斯・霍弗、威廉詹姆斯・赫爾・霍弗和N.E.H.赫爾合著的 *The Supreme Court: An Essential History* (Lawrence: University Press of Kansas, 2007)，這本書通俗易讀，按首席大法官主政時期劃分章節，到倫奎斯特任首席大法官的時期截止。羅伯特・G.麥克洛斯基撰寫的 *The American Supreme Court* (Chicago: University of Chicago Press, 5th ed., 2010)是關於最高法院歷史和制度的經典著作。這本書初版於1960年，最新一版由桑福德・列文森進行了大幅修訂，包含48頁相當全面的參考書目。[原書第三版已有中譯本，即[美]羅伯特・麥克洛斯基著、桑福德・列文森修訂：《美國最高法院》(第三版)，任東來等譯，中國政法大學出版社2005年版。括號中的楷體為譯者註，下同。]另一部單卷本的歷史著作為伯納德・施瓦茲的 *A History of the Supreme Court* (New York: Oxford University Press, 1993)，也是按首席大法官主政時期劃分章節，每個時期的「分水嶺案件」單獨成章。[該書已有中譯本，即[美]伯納德・施瓦茨：《美國最高法院史》，畢洪海等譯，中國政法大學出版社2005年版。]政治學家勞倫斯・鮑姆撰寫過大量與最高法院有關的著作，他新近大幅修訂出版了單卷本的 *The Supreme Court* (Washington, DC: CQ Press, 2010) 第十版，該書重點介紹了最高法院成員和工作機制。克米特・L.霍爾主編 *The Oxford Companion to the Supreme Court of the United States* (New York: Oxford University Press) 2005年已推出第二版，以百科全書形式匯總了一系列短文。[該書已有中譯本，即[美]克米特・霍爾主編：《牛津美國聯邦最高法院指南》(第二版)，許明月等譯，北京大學出版社2009年版。]

克米特・L.霍爾和凱文・T.麥圭爾合編的 *The Judicial Branch* (New York: Oxford University Press, 2005) 是「美國民主制度叢書」中的一本，裏面收錄了許多頂尖學者撰寫的文章，這本書將最高法院和大法官置入司法行為的宏大背景和美國的歷史與文化背景中進行研究。克米

特·L.霍爾和小詹姆斯·W.伊利主編的 *The Oxford Guide to United States Supreme Court Decisions* (New York: Oxford University Press, 2009)，匯總了幾十位學者評點幾百起最高法院最重要的判決的文章。[關於最高法院重要判決的文本和簡單介紹，可參考[美]庫特勒編：《最高法院與憲法：美國憲法史上重要判例選讀》，朱曾汶、林錚譯，商務印書館2006年版。[美]阿奇博爾德·考克斯：《法院與憲法》，田雷譯，北京大學出版社2006年版。] 倫奎斯特首席大法官1987年出版了 *The Supreme Court* 一書，擷取若干重要歷史節點，介紹了最高法院的歷史、重要判決和目前的工作機制。這本書的最新版本於2001年由紐約蘭登書屋出版。

李·愛潑斯坦、傑弗里·A.西格爾、哈羅德·J.斯皮斯和托馬斯·沃克合著的 *The Supreme Court Compendium: Data, Decisions, and Developments* (5th ed., Washington, DC: CQ Press, 2012)，包括近800頁的圖表，幾乎囊括了讀者可以想到的任何關於最高法院的歷史、成員和案件量的數字性問題。裏面還包括關於最高法院與民意的關係的有趣材料。[其中兩位作者撰寫的一部以定量方式分析最高法院判決的著作已有中譯本，即[美]傑弗瑞·西格爾、哈羅德·斯皮斯：《正義背後的意識形態：最高法院與態度模型》，劉哲瑋譯，北京大學出版社2012年版。] 另一本完全將最高法院與民意作為主題的書是巴里·弗里德曼的 *The Will of the People* (New York: Farrar, Straus and Giroux, 2009)。

《國會季刊》(*Congressional Quarterly*, CQ)出版社出版過幾部很有價值的最高法院參考書。最全面的是瓊·比斯丘皮克和埃德爾·威特合著的兩卷本 *Congressional Quarterly's Guide to the U.S. Supreme Court* (3rd ed., 1997)。這兩位作者還為CQ出版社合著過單卷本的 *The Supreme Court at Work* (1997)。

蘇珊·洛·布洛赫、維基·C.傑克遜和托馬斯·G.柯瑞騰梅克爾合著的 *Inside the Supreme Court: The Institution and Its Procedures* (St. Paul, MN: Thomson/West, 2nd ed., 2009) 雖是為法學院學生準備，但彙集了眾多可讀性強、趣味橫生的二手材料，內容涵蓋最高法院提名、確認程序、最高法院選案調卷和在最高法院出庭辯論的律師的作用等主題。[關於最高法院工作機制和大法官遴選方式，中文圖書領域較好的介

紹性著作包括[美]戴維‧M.奧布賴恩：《風暴眼：美國政治中的最高法院》，胡曉進譯，上海人民出版社2010年版。[美]亨利‧J.亞伯拉罕：《司法的過程》，泮偉江等譯，北京大學出版社2009年版。]

關於最高法院的圖書，有兩本最為暢銷。一本是鮑勃‧伍德沃德和斯科特‧阿姆斯特朗合著的*The Brethren: Inside the Supreme Court* (New York: Simon and Schuster, 1979)，曝光了伯格法院內部的緊張關係。[該書有兩個中譯本，分別是[美]鮑勃‧伍德沃德、斯科特‧阿姆斯特朗：《美國最高法院內幕》，熊必俊等譯，廣西人民出版社1982年版和[美]鮑勃‧伍德沃德、斯科特‧阿姆斯特朗：《最高法院的兄弟們》，吳懿婷、洪儷倩譯，當代中國出版社2009年版。] 近30年後，傑弗里‧圖賓的*The Nine: Inside the Secret World of the Supreme Court* (New York: Doubleday, 2007) 的成功，說明廣大讀者仍有興趣窺探天鵝絨帷幕背後的內情。[該書已有中譯本，即[美]傑弗里‧圖賓：《九人：美國最高法院風雲》，何帆譯，上海三聯書店2010年版。同一作者2012年9月推出講述奧巴馬總統與羅伯茨法院之間的權力之爭的新著，即Jeffrey Toobin, *The Oath: The Obama White House and the Supreme Court* (New York：Doubleday, 2012)。]

梅瓦‧馬庫斯主編的八卷本*Documentary History of the United States Supreme Court, 1789–1800* (New York: Columbia University Press) 出版共用了19年時間，出齊時已是2004年，儘管這套書並非寫給普通讀者，但內容絕對令人讚歎，值得大家關注。編者通過通信、筆記、案卷(包括大法官們巡迴審案的記錄)，重現了最高法院最初十年的情景；此外，這套書還提供了一個前所未有的視角，使人們得以觀察第一代大法官建構司法制度的孜孜努力。這套書第一卷第一部分，收錄了最高法院書記官當年的一則記錄，這則標注日期為1790年2月1日的記錄，顯示了最高法院那時面臨的困境：「根據法律規定，從今天開始，正式進入聯邦最高法院第一個開庭期，直到下午一點，到庭的大法官數量仍不夠法定人數，只能宣佈休庭。」

大法官們

一些有價值的最高法院傳記彙編可供參考。近期最主要的成果是梅

爾文·I.厄諾斯基主編的*Biographical Encyclopedia of the Supreme Court: The Lives and Legal Philosophies of the Justices* (Washington, DC: CQ Press, 2006)。這類作品當中，另一套水準之作是里昂·弗里德曼和弗雷德·L.伊斯雷爾合著的五卷本的*The Justices of the United States Supreme Court 1789–1995: Their Lives and Major Opinions* (New York: Chelsea House, 1995)。內容一直寫到布雷耶大法官履任，另外兩本書也寫到這一階段，它們是：最高法院歷史協會的克雷爾·庫什曼主編的*The Supreme Court Justices: Illustrated Biographies, 1789–1995* (Washington, D.C.: CQ Press, 1995) 和蒂莫西·L.霍爾主編的*Supreme Court Justices: A Biographical Dictionary* (New York: Facts on File, 2001)。

還有許多為單個大法官撰寫的傳記。[傳記是瞭解最高法院大法官司法理念和裁判背景的重要輔助性讀物，譯者近年主編有「美國最高法院大法官傳記譯叢」，收錄了哈里·布萊克門、約翰·保羅·斯蒂文斯、威廉·倫奎斯特、安東寧·斯卡利亞和戴維·蘇特等大法官的傳記。經過諸多出版人和譯者的努力，中文圖書領域還有奧利弗·溫德爾·霍姆斯、本傑明·卡多佐、約翰·馬歇爾、哈倫、雨果·布萊克、桑德拉·戴·奧康納等大法官的傳記。除了傳記，媒體訪談也是瞭解大法官思想的捷徑，2009–2010年，美國公共事務電視台對所有最高法院大法官進行了採訪，採訪內容全部收入*The Supreme Court: A C-SPAN Book, Featuring the Justices in their Own Words*一書，該書已有中譯本，即[美]布萊恩·拉姆、蘇珊·斯溫、馬克·法卡斯主編：《誰來守護公正：美國最高法院大法官訪談錄》，何帆譯，北京大學出版社2013年版。]其中，以馬歇爾和沃倫兩位首席大法官、霍姆斯和布蘭代斯兩位大法官的個人傳記數量最多。諾亞·費爾德曼撰寫的*Scorpions: The Battles and Triumphs of FDR's Great Supreme Court Justices by Noah Feldman* (New York: Twelve, 2010) 集中描寫了菲利克斯·法蘭克福特、羅伯特·H.傑克遜、威廉·O.道格拉斯和雨果·L.布萊克大法官的生平。

關於當代大法官的個人傳記相對較少。賽思·斯特恩和斯蒂芬·渥米曉合著的*Justice Brennan: Liberal Champion* (New York: Houghton Mifflin Harcourt, 2010) 建立在作者獨家接觸的傳主私人文檔的基礎上，布倫南大法官在任時間為33年，1990年才退休。小約翰·C.傑弗里斯的

Justice Lewis F. Powell, Jr. (New York: Charles Scribner's Sons, 1994)記敘了這位1972至1987年期間在任的大法官的一生，作者曾是傳主的法官助理。另一位前最高法院助理丹尼斯‧J.哈欽森也撰寫了一部大法官傳記，即*The Man Who Once Was Whizzer White: A Portrait of Justice Byron R. White* (New York: Free Press, 1998)，這本書只集中記敘了1971、1981和1991年三個開庭期的事，以一種異乎尋常的謀篇佈局方式，展示了這位在職31年的大法官的最高法院生涯。我撰寫的*Becoming Justice Blackmun: Harry Blackmun's Supreme Court Journey* (New York: Henry Holt, 2005)一書，完全依靠國會圖書館收藏的布萊克門的海量文獻，講述了這位大法官的生平和職業生涯。[該書已有中譯本，即[美]琳達‧格林豪斯：《大法官是這樣煉成的：哈里‧布萊克門的最高法院之旅》，何帆譯，中國法制出版社2011年版。]

瓊‧比斯丘皮克撰寫了兩部21世紀在任的大法官的傳記：分別是*Sandra Day O'Connor: How the First Woman on the Supreme Court Became Its Most Influential Justice* (New York: HarperCollins, 2005)和*American Original: The Life and Constitution of Supreme Court Justice Antonin Scalia* (New York: Farrar, Straus and Giroux, 2009)，後者部分建立在作者有據可查的與斯卡利亞的大量對話基礎上。[這兩本書都已有中譯本，即[美]瓊‧比斯丘皮克：《改變美國聯邦最高法院：大法官奧康納傳》，上海三聯書店2011年版；[美]瓊‧比斯丘皮克：《最高法院的「喜劇之王」：安東寧‧斯卡利亞大法官傳》，鍾志軍譯，中國法制出版社2012年版。]奧康納大法官和她的哥哥H.艾倫‧戴合著過一部回憶在遙遠的亞利桑那州大農場的童年生活的自傳。[奧康納大法官另寫過一部介紹最高法院工作機制的小冊子，裏面包含了若干關於自己大法官生涯的回憶，參見[美]桑德拉‧戴‧奧康納：《法律的尊嚴：美國最高法院一位大法官的思考》，信春鷹、葛明珍譯，法律出版社2006年版。此外，奧康納大法官2013年3月還推出了回顧最高法院歷史的新書*Out of Order: Stories from the History of the Supreme Court* (Random House, 2013)。索尼婭‧索托馬約爾大法官也於2013年1月推出自傳*My Beloved World* (Knopf, 2013)。兩本書的中譯本將分別由法律出版社、中信出版社出版。]克拉倫斯‧托馬斯大法官也寫過一部回憶自己進入最高法院之前的生活的自傳，即*My Grandfather's Son: A Memoir* (New York: Harper Collins, 2007)。《華盛頓郵報》的兩位記者，凱文‧莫瑞

達和邁克爾·弗萊徹合著過一本更全面地記敘托馬斯大法官的職業生涯的傳記Supreme Discomfort: The Divided Soul of Clarence Thomas (New York: Doubleday, 2007)。比爾·巴恩哈特和吉恩·施力克曼合著的John Paul Stevens: An Independent Life (DeKalb: Northern Illinois University Press, 2010) 在這位90歲高齡的大法官於履任35年後退休的同時出版。[該書已有中譯本，即[美]比爾·巴恩哈特、吉恩·施力克曼：《最高法院的「獨行俠」：約翰·保羅·斯蒂文斯大法官傳》，何京錯譯，中國法制出版社2012年版。2011年，斯蒂文斯大法官出版了自己退休後的第一本回憶性著作，即《五位首席大法官：最高法院雜憶》(Five Chiefs: A Supreme Court Memoir)，回憶了他與文森、沃倫、伯格、倫奎斯特、羅伯茨五位首席大法官認識、交往的過程，穿插了自己對最高法院工作的許多回憶。該書中文版也由本書譯者翻譯，於2014年由上海三聯書店出版。]

最近還有幾本講述最高法院提名和確認程序的作品。其中，最好的是克里斯托弗·L.艾斯格魯伯撰寫的The Next Justice: Repairing the Supreme Court Appointments Process (Princeton, NJ: Princeton University Press, 2007) 一書，該書開篇即提到那個理所當然卻常被人們忽視的前提：「如果不好好理解大法官們的所作所為，美國人就不知道該選誰，也不清楚如何評價總統提名的候選人。」關於這一議題的經典著作，是亨利·J.亞伯拉罕的 Justices, Presidents, and Senators: A History of the U.S. Supreme Court Appointments from Washington to Clinton (Lanham, MD: Rowman and Littlefield)，該書最早出版於1974年，當時的書名還是Justices and Presidents，2007年出版的是第五版。[原書第一版已有中譯本，即[美]亨利·J.亞伯拉罕：《法官與總統：一部任命最高法院法官的政治史》，劉泰星譯，商務印書館1990年版。]

公眾對最高法院的法官助理的作用的興趣，主要反映在兩本書中：托德·C.佩帕斯的Courtiers of the Marble Palace: The Rise and Influence of the Supreme Court Law Clerk (Stanford, CA: Stanford University Press, 2006) 與阿迪莫斯·沃德和戴維·威登合著的Sorcerers' Apprentices: 100 Years of Law Clerks at the U.S. Supreme Court (New York: New York University Press, 2006)。

關於大法官如何選擇案件和完成待審案件表的權威著作，是H. W.佩里的*Deciding to Decide: Agenda Setting in the United States Supreme Court* (Cambridge, MA: Harvard University Press, 1991)，本書作者是一位政治學家，在與大法官和法官助理（援引了他們的談話內容，但沒有實名）的大量訪談基礎上創作完成。這本書雖然反映的只是二十多年前的最高法院的內部運轉情況，但時至今日，這種對最高法院內部動態的觀察，仍是非常有價值的。

已有大量政治學方面的著作，研究大法官們着手複審案件後，究竟如何進行裁判。李·愛潑斯坦和傑克·奈特合著的*The Choices Justices Make* (Washington, DC: CQ Press, 1998)詳細檢視了大法官們為實現自己的政策目標，在同僚之間採取的策略性手段。康奈爾·W.克萊頓和霍華德·吉爾曼主編的*Supreme Court Decision-Making: New Institutionalist Approaches* (Chicago: University of Chicago Press, 1999) 是一本論文集，收錄了不同學者探尋影響大法官裁判案件的制度性因素的文章。伯納德·施瓦茨的*Decision: How the Supreme Court Decides Cases* (New York: Oxford University Press, 1996) 注重事實敍述，而非理論闡釋，引用了許多內部備忘錄、未公開的判決初稿，生動描述了最高法院的運轉情況。凱文·T.麥圭爾撰寫的*Understanding the U.S. Supreme Court: Cases and Controversies* (New York: McGraw Hill, 2002) 主要針對的是學生讀者群體，採用了不同尋常的寫作方式，選取四起案件和兩場激烈的「確認之戰」，展示最高法院的工作機制和它對美國人生活的作用和影響。

憲法解釋

法學院圖書館的書架上，擺放着大量憲法理論書籍，關於這一話題的討論，已經遠遠超出本書的範圍。但是，我們絕對不能忽視一個非常罕見的現象：已有兩位現任大法官進入公共領域 —— 借助書籍和廣播電視 —— 公開討論他倆在憲法解釋方法上的不同立場。斯卡利亞大法官率先出版了*A Matter of Interpretation: Federal Courts and the Law* (Princeton, NJ: Princeton University Press, 1997) 一書。[該書中譯本已由最高人民法院黃斌博士譯出，即將由中國法制出版社出版。2012年，斯卡利亞大法官又與布萊恩·加納合著了一本新書，全面闡述了自己

的法律解釋立場，並回應了布雷耶大法官的批評。此書即*Reading Law: The Interpretation of Legal Texts* (West, 2012)。] 布雷耶大法官緊隨其後，先出版了 *Active Liberty: Interpreting Our Democratic Constitution* (New York: Knopf, 2005)，之後又推出了 *Making Our Democracy Work: A Judge's View* (New York: Knopf, 2010)。[斯蒂芬·布雷耶大法官這兩本書都已有中譯本，分別是[美]斯蒂芬·布雷耶：《積極自由：美國憲法的民主解釋論》，田雷譯，中國政法大學出版社2011年版。[美]斯蒂芬·布雷耶：《法官能為民主做什麼》，何帆譯，法律出版社2012年版。]

「牛津美國法介紹叢書」中，邁克爾·C.多爾夫和特雷弗·W.莫里森合著的*Constitutional Law* (New York: Oxford University Press, 2010)對這一話題的主要觀點和爭議進行了簡短但全面的介紹。[關於憲法解釋話題，中文圖書領域尚有以下經典作品可供參考：[美]戴維·斯特勞斯：《活的憲法》，畢洪海譯，中國政法大學出版社2012年版。[美]基思·E.惠廷頓：《憲法解釋：文本含義、原始意圖與司法審查》，杜強強等譯，中國人民大學出版社2006年版；以及作者的另一著作《司法至上的政治基礎：美國歷史上的總統、最高法院及憲政領導權》，牛悅譯，北京大學出版社2009年版。] 李·愛潑斯坦和托馬斯·G.沃克合著的*Constitutional Law for a Changing America* (Washington, DC: CQ Press, 6th ed., 2007)，以更長的篇幅，對最高法院的判決如何推動憲法學說的發展，進行了有價值的梳理。儘管以本科生為目標讀者，但這部分為 *Rights, Liberties, and Justice* 和 *Institutional Powers and Constraints* 兩冊的作品以其內容的豐富程度，也令其他讀者十分滿意。作者利用大量二手文獻和自己的解釋，對選錄的許多判決進行了令人受益的背景分析。

網絡資源

最高法院官方網站地址為：www.supremecourt.gov, 這個網站的界面十分簡便，資訊也隨時更新。最高法院的判決和指令發佈後，幾分鐘內就會上傳到這裏。按照最高法院和美國律師協會的合作協議，所有已受理並排期開庭的案件，相關訴狀也會上傳發佈。這個網站包含開庭時間表、待審案件表，此外還有各類豐富的資訊，如待處理的調卷複審令狀申請的狀態、各類訴狀提交的時間、每起案件的最終處理結果。言詞辯論記錄會在庭審結束後幾小時內上傳。大法官們出庭聽審那一週的週五，最高法院會將本週的庭審音頻記錄上傳。

「肅靜」項目的官方網站：www.oyez.org, 由伊利諾伊理工學院和芝加哥肯特法學院共同維護，免費提供種類、格式多樣的案件材料和歷史文獻。另一個免費網站是Scotusblog，網址為：www.scotusblog.com[「Scotus」是美國最高法院(Supreme Court of the United States)的常用縮略語]，這個網站會分析新近判決，上傳最新提交的調卷複審令狀申請，每日提供關於最高法院的最新新聞報道和評論。Findlaw網站網址為：http://supreme.lp.findlaw.com/index.html，更新速度沒有Scotusblog那麼快，但網站所有資源也全部免費，並提供19世紀以來的全部判決意見文本。